FRÄNKISCHE VERBRECHER

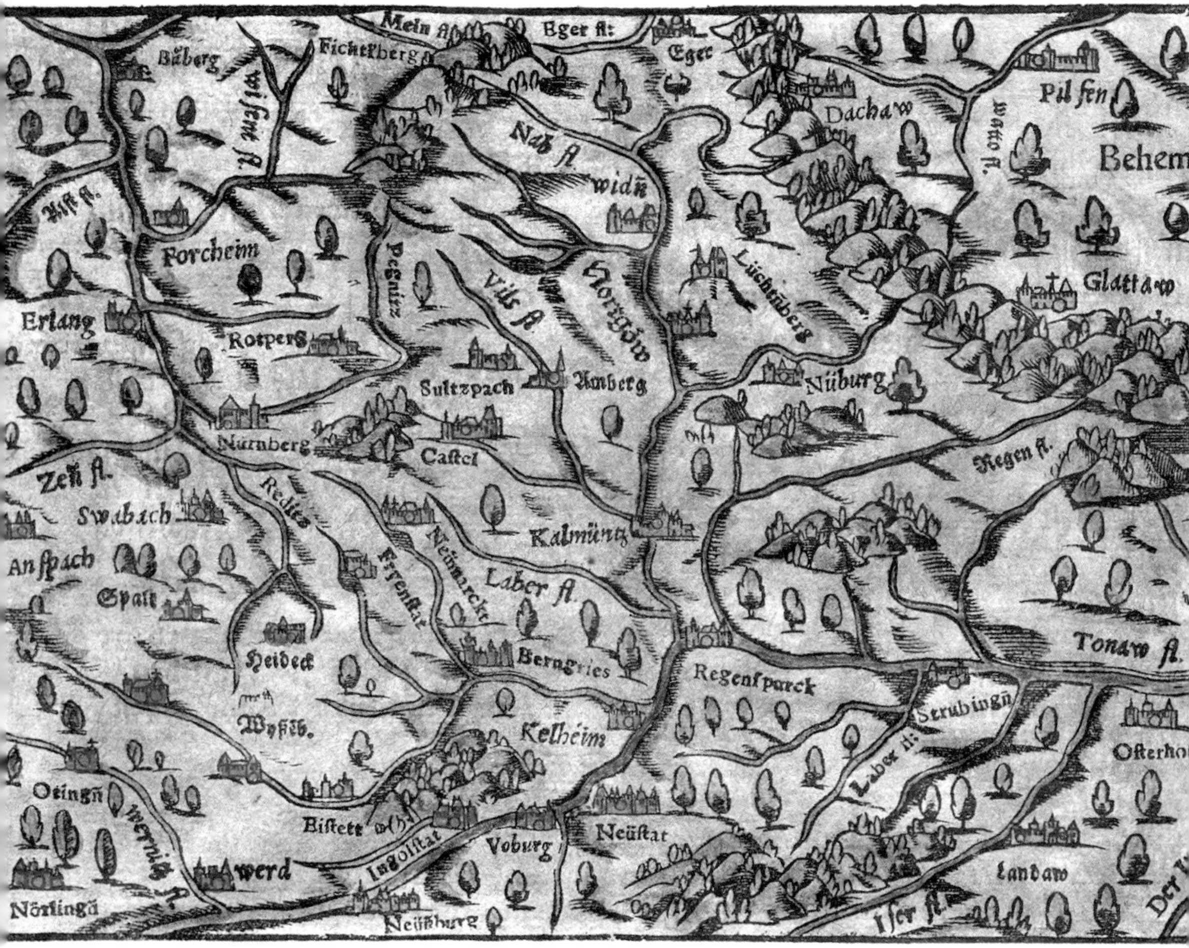

Der Nordgau. Diese Karte von Sebastian Münster aus dem Jahre 1628 Karte zeigt Michael Leichts Geburtsstadt Ansbach und die Reichsstadt Nürnberg. Zwischen dem Mainfluss und dem Fichtelgebirge fehlen allerdings (was auffällig ist) die bedeutenden Städte Kulmbach und Bayreuth, also die alte und die neue Residenz des Markgraf Christian Ernst von Brandenburg-Kulmbach-Bayreuth, in dessen Diensten Christian Wilhelm von Krohnemann stand.

Benedikt Grimmler

Fränkische Verbrecher

Die spannendsten Kriminalfälle 1330–1975

SUTTON

Titelbild:
Historisches Giftfass der Firma Merck.
(picture-alliance / dpa / Boris Roessler)

Rückseite Einband:
Epitaph von Ritter Arnold III. in der Pfarrkirche St. Laurentius in Uissigheim (Mit frdl. Genehmigung der Pfarrei).

Vorsatz:
„Hinrichtung durch Enthaupten, Haengen und Raedern" – Holzschnitt, aus: Bambergische Halsgerichts und rechtlich Ordnung, Mainz (Johann Schoeffer), Auflage 1538
(picture-alliance / akg-images / Fotograf: akg-images)

Nachsatz:
Das Innere des Nürnberger Zellengefängnisses mit den Eisenkonstruktionen der Galerien und Wendeltreppen. Blick von der zentralen Überwachungshalle in einen Zellentrakt.
(picture-alliance / akg-images / Ferdinand Schmidt)

Sutton Verlag GmbH
Hochheimer Straße 59
99094 Erfurt
www.suttonverlag.de

ISBN: 978-3-95400-506-2
Satz und Gestaltung: Sutton Verlag
Druck: Florjančič Tisk d.o.o. / Slowenien

Inhaltsverzeichnis

Einleitung

Jahrhundertealt und zugleich zeitlos sind die Motive, die den Verbrechen der Protagonisten dieses Buches zugrunde liegen, manchmal offen, manchmal verdeckt oder gar vorgeschoben. In sechs von den sieben Fällen handelt es sich um nichts anderes als die profane Sehnsucht nach Geld. Der kleine Adlige Arnold von Uissigheim aus Tauberfranken, schon bestraft wegen Raubüberfällen, hetzt die örtliche Bevölkerung unter dem Vorwand religiöser Empörung gegen die Juden auf, mit dem Hintergedanken, dadurch seine Schulden loszuwerden. Nikolaus Muffel, Stadtoberhaupt von Nürnberg, greift in die öffentliche Kasse, ebenso wie sein Kollege aus Ansbach, Michael Leicht, zweihundert Jahre später – zumindest wurde dies beiden unterstellt und ihnen der Prozess gemacht, dem einen vor, dem anderen nach seinem Tod. Der Alchimist Christian Wilhelm von Krohnemann verspricht dem Bayreuther Markgrafen, Silber und Gold auf einfache Art und Weise herzustellen, wodurch dieser seinen teuren Hofstaat und allerlei Vorhaben im verwüsteten Land nach dem Dreißigjährigen Krieg und Krohnemann sich ein bequemes Leben finanzieren will. Anna Margaretha Zwanziger agiert in der gleichen Gegend auf den ersten Blick aus einem nicht minder klassischen Beweggrund: Eifersucht. Sie möchte sich als Dienstmagd gerne an die Stelle der Hausfrau setzen – und ist dafür bereit, diese notfalls durch Gift zu beseitigen. Doch auch hier liegt die eigentliche Ursache tiefer. Die früher durchaus wohlhabende Wirtstochter möchte nach dem Sturz in die Armut wieder zurückkehren in das sorglose Leben, das sie einst kannte und das ihr nun wenigstens die biederen Beamten der fränkischen Provinz bieten sollen. Als auch diese sich ihr verweigern, wird das Arsen zu ihrem einzigen Hilfsmittel, um den Traum aufrechtzuerhalten. Und auch bei den RAF-Terroristen wie Elisabeth von Dyck spielt der Glaube, für die Ausgebeuteten zu kämpfen, noch eine Rolle, sei es als Vorwand, sei es als völlig in die Irre geleitetes Ideal. Aus der Reihe fällt nur einer: Karl Ludwig Sand, ein politischer Attentäter, nicht weniger verblendet als seine Genossen der 70er- und 80er-Jahre des 20. Jahrhunderts, doch tatsächlich ohne persönliche Bindung zu seinem Opfer und ohne anderen Anlass, als für eine falsch verstandene Idee von Freiheit ein Fanal setzen zu wollen – was erwartungsgemäß die Einschränkung genau dieser Freiheit zur Folge hatte.

All diese Täter stießen in ihrer direkten Umgebung, aber oft auch weit über diese hinaus, auf große Resonanz, sowohl in positiver als auch in sehr negativer Art und Weise. Ritter Arnold, der schon zu Lebzeiten zahlreiche Anhänger hatte, wurde nach seinem Tod 1336 zum Märtyrer und gar Ortsheiligen verklärt. Dies ist mehr als nur eine regionale Kuriosität, denn sein „Vorbild“ gab Anlass zu weiteren brutalen Judenverfolgungen in Franken, der Rheingegend und im Elsass. Nikolaus Muffels Ruhm ist dagegen schneller verblasst, doch hatten sich die Nürnberger nach seinem Tod vehement gegen die scheinbare Willkür der Stadtoberhäupter erbost. Der mächtigen Familie war es kurzzeitig gelungen, ihn nicht als jemand dastehen zu lassen, der in die Stadtkasse gegriffen hatte, sondern als Opfer politischer Intrigen. Michael Leicht, der Wolf von Ansbach, wurde durch Flugschriften und gelehrte Traktate im ganzen Heiligen Römischen Reich bekannt – und noch heute kommt kein Buch über Werwölfe ohne seine Geschichte aus. Ähnlich erging es dem Baron von Krohnemann, das hochstaplerische Leben des weitgereisten Alchimisten und sein unerwarteter Tod am Galgen faszinierten die Zeitgenossen, aber auch die nachfolgenden Generationen – und sei es nur, um etwa in der Aufklärung darauf hinzuweisen, an welchen Augenwischereien die Menschen doch vormals zu glauben bereit waren. Zu europaweitem Ruhm brachten es die nächsten beiden: als abschreckendes Beispiel die Giftmörderin Zwanziger, die alle Vorurteile gegenüber vermeintlich triebgeleiteten Frauen zu bestätigen schien, als glorioser Freiheitsheld der Jugend dagegen Karl Ludwig Sand, dem zahlreiche literarische Ehren zuteil wurden. Elisabeth von Dyck war nur ein durchschnittliches Mitglied in der RAF, doch symptomatisch für das europaweite Phänomen des Linksterrorismus ihrer Zeit – aber auch für die Hysterie, mit der auf diesen reagiert wurde.

Die Ereignisse vom frühen 14. Jahrhundert bis fast in die Gegenwart, die falschen Heiligen, Judenverfolgungen, Werwölfe, mordenden Theologiestudenten und Dienstmägde, korrupten Staatsbeamten, Alchimisten und Terroristen sind in vertrauter Gegend angesiedelt. Die Tatorte spiegeln die gesamte fränkische Landschaft wider, die mehr umfasst als die heutigen drei bayerischen Regierungsbezirke Unter-, Mittel- und Oberfranken, nämlich auch das inzwischen oberbayerische Eichstätter Gebiet, die baden-württembergischen Franken in Hohenlohe, an der Tauber und im Odenwald und diejenigen im südlichen Thüringen. Noch heute begegnet man in den Dörfern und auf den Märkten wie in Kasendorf und Markt Bibart, in den charakteristischen ehemaligen Amts- und Residenzstädten wie Bayreuth, Kulmbach oder Ansbach und natürlich in der Frankenmetropole Nürnberg den Spuren der Personen der folgenden Fälle. In der Uissigheimer Dorfkirche staunt der Besucher über das kunstfertige Grabmal für den Judenverfolger Arnold, Numismatiker zahlen Höchstpreise für Münzen aus der Alchimistenküche des Barons von Krohnemann. Vor Altären, die Nikolaus Muffel gestiftet hat, beten in Nürnberg noch immer Gläubige und im Stadtarchiv Ansbach lagen noch in den 1970er-Jahren Reste vom Fell des Werwolfes von Ansbach.

Ein Buch über Verbrecher krankt oftmals am schwer vermeidbaren Fokus, der sich auf die Täter konzentriert. Auch wenn das nicht immer der Fall ist, wie hier etwa im Kapitel über den Attentäter Sand, das sich auch ausführlicher dem Ermordeten August von Kotzebue widmet, so liegt diese Ausnahme eher an der Prominenz des Getöteten. Ansonsten stehen auch hier insgesamt überwiegend die Täter im Vordergrund, bedingt durch die Quellenlage, denn einerseits interessieren sich auch die Gerichte hauptsächlich für die Angeklagten, andererseits wirkt noch immer die gleiche Faszination des Bösen und Unerlaubten, die schon die Zeitgenossen und deren Nachfahren bewogen hat, über diese aus dem gesellschaftlichen Rahmen gefallenen Menschen zu berichten. Deshalb soll wenigstens zu Beginn an die Opfer erinnert werden, denn es sind nicht wenige.

Am harmlosesten war wohl noch von Krohnemann, er betrog seinesgleichen, Aristokraten, Höflinge und Landesherrn, die oft wider alle Vernunft an seine Fähigkeiten glauben wollten – letztlich bezahlten seine Dienste natürlich trotzdem die Untertanen. Doch ob sich ihr Fürst von ihren Steuern nun ein neues Standbild errichten ließ oder einen Alchimisten durchfütterte, konnte ihnen in ihrem Alltag letztlich egal sein. Anders verhielt es sich schon bei

Nikolaus Muffel und Michael Leicht, da die von ihnen vermutlich unterschlagenen Gelder teils explizit für die Armenhilfe vorgesehen waren – die Geschädigten bleiben ähnlich anonym wie die weit grausamer von den Judenverfolgungen des Arnold von Uissigheim Betroffenen, allerdings waren es hier Tausende Opfer, darunter Kinder, Frauen, alte Menschen.

Anna Margaretha Zwanziger vergiftete skrupellos Unschuldige und Ahnungslose und nahm deren Tod bewusst in Kauf. Wenig Rücksicht auf den möglichen Tod völlig Unbeteiligter zu nehmen, gehörte auch zu den Praktiken des Terrorismus (beider Seiten) in den 70er- und 80er-Jahren des 20. Jahrhunderts. Elisabeth von Dyck, keineswegs unschuldig, konnte keine direkte Beteiligung an Mordtaten nachgewiesen werden. Sie wurde aber selbst zum Opfer der irrationalen Ängste, die die Terroristen erst hervorgerufen hatten.

Verbrechen lohnen sich einfach nicht.

1.

König Armleder: Arnold III. von Uissigheim (etwa 1290/1300–1336)

„Ein bewaffneter Pöbelhaufen durchzog das ganze Land, um die Juden zu morden."

Etwas abseits der „romantischen Straßen" des Taubertales, zwischen Tauberbischofsheim und Külsheim, liegt das eher unscheinbare Dorf Uissigheim, 1165 als *Ussincheim*[1] erstmals urkundlich erwähnt, doch bis zu 500 Jahre älter, wie der Name aus der Zeit der fränkischen Landnahme und Bodenfunde belegen. Der Ort, der bis zur Säkularisation im Besitz der Mainzer Erzbischöfe war, hat über die Jahrhunderte seinen dörflichen Charakter bewahrt, allenfalls dem aufmerksamen Kenner dürfte auffallen, dass die Untergeschosse des Kirchturms eindeutig aus romanischer Zeit stammen und somit dem Rest des Gebäudes, einem Langhaus und Chor aus der Mitte des 19. Jahrhunderts, einiges an Alter voraushaben. Die eigentliche Überraschung stellt sich beim Besucher jedoch ein, wenn er die Kirche durch das Hauptportal betritt und, sobald er sich an die Düsternis des Inneren gewöhnt hat, links an der Wand ein mittelalterliches Grabmal wahrnimmt, das nicht nur dem Kunsthistoriker wegen seiner hervorragenden Qualität, sondern bereits dem Laien aufgrund seiner Ungewöhnlichkeit auffällt. Bei näherem Hinsehen erkennt man, dass der Ritter mit den langen, gelockten Haaren seine Hände nicht fromm gefaltet, sondern von Fesseln umschlungen hat, doch noch mehr sticht ins Auge, dass sich quer über den Hals des Abgebildeten ein Schwert zieht: Die Grabplatte des Ritters Arnold von Uissigheim, gestorben 1336, zeigt ihn im Moment seiner Hinrichtung. Sie verweist auf eine Zeit, in der das Taubertal oftmals alles andere als „lieblich" war.

Denn es steht um uns Ritter so, daß mir die Zeit keine Ruhe gönnte, auch wenn ich noch so ein ansehnliches Erbe besäße und von den Einkünften meines Besitzes leben könnte. Man lebt auf dem Felde, im Wald und auf jenen Burgen. Die uns ernähren sind bettelarme Bauern, denen wir unsere Äcker, Wiesen und Wälder verpachten. […] Sodann müssen wir uns in den Dienst eines Fürsten stellen, von dem wir Schutz erhoffen dürfen[2], beschrieb der fränkische Reichsritter Ulrich von Hutten (1488–1523) das Leben eines Angehörigen des niederen Adels im Brief an seinen humanistischen Kollegen, den Patrizier Willibald Pirckheimer (1470–1530). Noch drastischer malte er dem Nürnberger Stadtbürger den Alltag auf einer Burg aus: *Die Burg selbst, mag sie auf dem Berg oder im Tal liegen, ist nicht gebaut um schön, sondern um fest zu sein; von Wall und Graben umgeben, innen eng, da sie durch Stallungen für Vieh und Herden versperrt wird. […] Überall stinkt es nach Pulver, dazu kommen die Hunde mit ihrem Dreck, eine liebliche Angelegenheit, wie sich denken lässt, und ein feiner Duft!* Kurzum: *Der ganze Tag, vom frühen Morgen an, birgt Sorge und Plage, beständige Unruhe und dauernden Betrieb*[3]. Viel

Grabmal des Ritters Arnold von Uissigheim in der Pfarrkirche St. Laurentius; ein Meisterwerk der Bildhauerkunst des 14. Jahrhunderts.

anders als auf der Steckelburg, wo Hutten aufgewachsen war, heute eine ansehnliche Ruine bei Schlüchtern an der hessisch-bayerischen Grenze, dürfte es auch gut 200 Jahre früher auf den kleinen Adelssitzen des Taubergebiets nicht ausgesehen haben, eher schlechter, *denn innerhalb der fränkischen Reichsritterschaft galten die Huttens als wohlhabend*[4].

Dies konnten die von Uissigheim keineswegs von sich behaupten. 1178 erstmals in Zusammenhang mit Schenkungen an das nahe gelegene Kloster Bronnbach erwähnt, stieg das Geschlecht erst ab 1275 von Edelfreien und Ministerialen in die höhere Kategorie der Ritter auf. Gleichwohl blieben sie typische Vertreter des niederen Adels, durch Heiraten weitverzweigt mit den Nachbarn, die meisten der Kinder, die nicht für die direkte Erbfolge bestimmt waren, traten geistliche Stellen an als Mönche, Äbte oder Domherren. Mit wenig Grundbesitz ausgestattet, verdingten sich die Uissigheim in Diensten der höheren Fürsten dieser Region, also der Mainzer und Würzburger Bischöfe, derer von Wertheim, Rieneck, Zimmern, Hohenlohe oder des Deutschen Ordens. Schon 1546 starb mit Martin von Uissigheim, einem Würzburger Dompropst, der letzte männliche Nachfahre, der nebenbei *Lorenz Fries, als dieser vom Domkapitel die Erlaubnis erhalten, sich zu seiner Chronik des Bistums der Archive desselben zu*

Beim Turm der Pfarrkirche St. Laurentius in Uissigheim, in der sich der Epitaph des Ritters Arnold befindet, handelt es sich vermutlich um einen Rest (Bergfried) der mittelalterlichen Burg.

bedienen, zur Unterstützung beigebeben[5] worden war. Von der Burg in Uissigheim ist wenig geblieben, noch 1924 wurde ein bedeutendes Relikt, ein leicht irreführend Templerhaus genanntes Gebäude mit Wurzeln im 14. Jahrhundert abgerissen. Nun deuten nur noch die bereits erwähnten Untergeschosse des Kirchturms auf den einstigen Ansitz hin, man vermutet in ihnen den Überrest des früheren Bergfrieds. Nach dem Aussterben der Uissigheim gelangten die Gebäude kurzzeitig in Besitz des Deutschen Ordens, später an verschiedene Adelsfamilien, wobei die Anlage mit der Zeit zu besseren Gutshöfen herabsank und Haus um Haus verschwand. Gleichwohl bezeichnet der Standort der einstigen Burg noch heute das Zentrum des Dorfes.[6]

Die von Uissigheim wären also vermutlich lediglich Objekt der engeren Regionalforschung, hätten sie neben den Amtmännern, Äbtissinnen und Domkapitularen nicht noch den auf dem Grabmal verewigten Arnold hervorgebracht, den wir heute als schwarzes Schaf der Familie bezeichnen würden, der jedoch, wie schon der außergewöhnliche Erinnerungsstein deutlich macht, seinen Zeitgenossen und Nachfahren als das genaue Gegenteil galt, nämlich geradezu als Heiliger. Die Platte, die als Bedeckung eines zentral aufgestellten Hochgrabes diente, wurde 1639 während einer Renovierung der Kirche leicht beschädigt, seitdem fehlen das untere Ende, der Körper des Scharfrichters und große Teile der Inschrift. Glücklicherweise hatte ein durchreisender Jesuitenpater, Johannes Gamans, sich die abgebrochenen Stücke zwei Jahre später zeigen lassen und uns die vollständigen lateinischen Worte überliefert: + *ANNO DOMINI MCCCXXXVI SUBIIT GLADIO BEATUS ARNOLDUS IUVENIS MILES DE VSSINKEM XVIII. KL. DECEMBRIS – Im Jahr des Herrn 1336 am 14. November starb durch das Schwert der selige Arnold der Junge Ritter von Uissigheim*[7]. *Beatus* bedeutet nach seiner wörtlichen Übersetzung selig, wurde jedoch auch alternativ für heilig gebraucht, theologisch wäre dies eine Stufe höher – doch relevant war das aus Sicht der Kirche nicht, da ein Kult um einen Seligen oder Heiligen Arnold von Uissigheim aus guten Gründen nie offiziell anerkannt wurde. Was die örtliche Bevölkerung, teils offensichtlich unterstützt von lokalen Geistlichen und naturgemäß den adeligen Verwandten, an der Verehrung des Ritters keineswegs gehindert hat. Worin bestand nun aber das vermeintlich Verehrungswürdige des Verstorbenen?

Die legendarische Überlieferung der Region kennt eine sagenhafte Geschichte, welche eine Erklärung zu geben versucht: *An einer Fronleichnamsprozession hatte auch Ritter Arnold von Uissigheim teilgenommen. Dabei musste er erleben, wie die Juden das Allerheiligste verspotteten. Er schwur, diese Lästerung des Sakramentes zu rächen und die Juden nach Kräften zu verfolgen und zu töten. Aber die Juden wehrten sich, so gut sie konnten. Als alles nichts mehr nutzte, beschlossen sie, den Ritter zu töten. Am Hardwäldchen in Richtung Eiersheim lauerten sie ihm auf und hieben ihm den Kopf ab. Als man den Leichnam fand, wurde er auf einen Wagen gelegt, der von jungen, ungewöhnten Ochsen gezogen wurde. Ohne daß es ihnen geheißen worden wäre, zogen die Ochsen den Wagen in das Dorf und hielten vor der Kirche an. Da begannen die Glocken von allein zu läuten. Der Ritter wurde dann inmitten der Kirche in einem Hochgrab beigesetzt.*[8] Das Problem dieser Erzählung ist, dass so gut wie nichts davon den historischen Fakten entspricht. Ziemlich perfide macht sie Täter zu Opfern und Opfer zu Tätern. Wie bei Sagen üblich, werden vorhandene Bruchstücke überlieferten Wissens neu zusammengesetzt und anhand des Sichtbaren interpretiert – in diesem Falle des seltsamen Grabsteins, den die Dorfbewohner täglich vor Augen hatten. Mit metaphysischen Zusätzen versehen, wie man sie von vielen Wallfahrtsorten kennt, entstand eine fromme Legende, die aus einem Massenmörder einen Heiligen machte.

Die einzige historisch korrekte Information dieser Geschichte, die über die Aussagen des Grabsteins selbst hinausgeht, ist das diffuse Wissen, dass Arnold und die Juden der Gegend offenkundig auf verschiedenen Seiten standen. Jüdische Gemeinden gehörten spätestens seit dem 12. Jahrhundert zum Alltag in Franken[9]. Erste Unruhen mit anschließenden blutigen Verfolgungen kamen im ganzen Reich seit Beginn der Kreuzzüge vor. Deren ideologische Vorbereitung ließ viele Christen die Juden erstmals deutlich als Fremde und potentielle Verräter wahrnehmen, auf das alte religiöse Klischee aufbauend, dass die Juden Christus selbst

Die mittelalterliche (erste) Synagoge in Bamberg wurde nach den Pestpogromen in eine christliche Kirche umgebaut. Die Marienkapelle in Bamberg ist heute noch existent.

einst verkannt und verraten hätten. Diese Vorfälle in ganz Europa veranlassten die höchsten Autoritäten, Papst und Kaiser, zu Schutzmaßnahmen für die Juden, die allerdings überwiegend zur Verstärkung der Ausgrenzung beitrugen, indem sie die Andersartigkeit noch mehr herausstellten.

Das IV. Laterankonzil im Jahr 1215 verkündete zwei für das Verhältnis zu den Juden folgenreiche Beschlüsse. Konkret betroffen waren sie von der Vorschrift, fortan *kennzeichnende Kleidung zu tragen*[10], womit sie auch äußerlich für jedermann leicht identifizierbar waren – kaum zu ihrem Vorteil. Diese Anordnungen wurden anfangs recht lax gehandhabt, setzten sich aber spätestens nach den großen Pestpogromen 1348/49 flächendeckend durch. Der zweite bedeutende Beschluss des Laterankonzils war ein rein philosophisch-theologischer und hatte auf den ersten Blick zu den Juden nicht die geringste Verbindung: Der bereits vorhandene Glaube, Brot und Wein würden während der heiligen Messe durch die Wandlungsworte zum echten Fleisch und Blut Christi, stieg unter dem Namen Transsubstantiationslehre zur kirchlichen Lehrmeinung auf. Das dahinter stehende komplexe Gedankengebäude, das bis auf den heutigen Tag zu Kontroversen zwischen der katholischen und evangelischen Kirche führt, fand erstaunlicherweise in reduzierter Form rasche Verbreitung bei den Gläubigen. *Die Zuhörerschaft hat diesen Glauben sehr schnell rezipiert, allerdings oft auf ihre Art und Weise, und so beklagten sich Prediger bald, daß Laien geweihte Hostien nicht verschluckten, sondern aufbewahrten und zu magischen Zwecken einsetzten: sie etwa im Stall vergruben, um ihr Vieh zu schützen, auf dem Felde, um die Ernste zu steigern, und sie verwendeten, wo immer man wundermächtige Mittel einsetzen konnte*[11]. Aus dem kirchlichen Dogma entstand unter dem Volk somit ein Paradebeispiel an Aberglauben. Was konnte wirksamer sein als eine geweihte Hostie, war diese doch – so verkündete es jeder Pfarrer – Gott selbst?

Der Missbrauch der Hostien war anfangs eine innerchristliche Angelegenheit, gegen den die Kirche scharf, aber aufgrund der weiten Verbreitung ziemlich erfolglos vorging. Lässt man die theologischen Konsequenzen außer Acht, war dieser Aberglaube letztlich auch harmlos. Für die Priester war er gewissermaßen sogar ein dankbares Übel, da es ihnen Anlass zu zahlreichen Geschichten über die bösen Folgen solchen Handelns gab, um die Disziplin der Gläubigen zu fördern. Gefährlich wurden die Vorstellungen von der leiblichen Anwesenheit Christi in dem kleinen Brot, als man den eigenen Aberglauben auf Andersgläubige übertrug – es entstand der erste der Vorwürfe gegen die Juden: der sogenannte Hostienfrevel. *Die Juden konnten nun „natürlich" die Hostien genauso martern, wie sie einst Christus selbst gemartert hatten. Da er ja in jeder Hostie wirklich vorhanden war, konnte er immer wieder neuerlich verspottet und gemartert werden – und wie hätten die Juden dieser Versuchung widerstehen können!*[12] Durch verschiedene Tricks, etwa der Bestechung unwürdiger Christen, hätten sie sich in Besitz der Hostien gebracht, um mit ihnen ihre Rituale zu vollziehen – im Verlaufe der Zeit nahmen diese Geschichten an Drastik zu: Während etwa das Durchstechen der Hostie mit anschließendem Blutaustritt oder Wehgeschrei früher oft noch zur Bekehrung der Juden führte und damit aus christlicher Perspektive zu einem „Happy End", war dieselbe Freveltat später nur noch willkommener Anlass zum Mordaufruf an der örtlichen Gemeinde[13].

Auch der zweite Vorwurf gegen die Juden, der seit dem 13. Jahrhundert immer häufiger auftauchte, beruhte auf einer ähnlich verqueren, doch perfiden Unlogik wie der des Hostienfrevels. Dieser setzte bei den Juden absurderweise die Anerkennung schwierigster theologischer Wahrheiten voraus, die nicht nur vielen einfachen Christen selbst ein Rätsel waren, sondern dem jüdischen Glauben völlig entgegenliefen. Eine, wenn man so möchte, gewissermaßen „bessere Kenntnis" jüdischer Traditionen bewies der Ritualmordvorwurf, jedoch nur, um sie in ihr direktes Gegenteil zu verkehren: Er *bezog sich auf die Unterstellung, dass Juden ein christliches Kind heimlich entführten, anschließend ermordeten und sein Blut in das ungesäuerte Brot des eigenen Sakralmahls mischten. Verschwanden kleine Kinder spurlos oder fand man einen kleinen Jungen ermordet auf, so wurden häufig Juden dafür verantwortlich gemacht*[14]. Diese vom Papst, dem Kaiser oder hohen Fürsten ebenfalls bekämpfte, völlig absurde Vorstellung, welche die durch die Gebote des Alten Testaments vorgeschriebene Abscheu der

Juden vor Blut durch komplette Umkehrung gegen sie verwendete, war noch hartnäckiger als die des Hostienfrevels, die mit zunehmender Säkularisierung nach der Aufklärung an Bedeutung verlor, während Anklagen und Verfolgungen wegen vermeintlichen Ritualmordes bis weit in das 20. Jahrhundert wiederkehrten.

Im ländlich geprägten Taubergebiet, wo die großen Residenzen Würzburg, Mainz, Ansbach und Nürnberg weitab lagen, sich dafür zahlreiche kleinere Marktsiedlungen und Städte fanden, in denen es Ende des 13. Jahrhunderts auch teils beachtliche Judengemeinden gab, fielen solche Gerüchte offenkundig in unschöner Regelmäßigkeit auf fruchtbaren Boden. Röttingen an der Tauber, heute eine dieser beschaulichen kleinen Städte mit mittelalterlichem Flair, die ein Geschenk für jedes Tourismusbüro sind, stand 1298 noch unter hohenlohischer Herrschaft, als sich von dort aus das Gerücht einer angeblichen Hostienschändung durch die örtliche jüdische Gemeinde verbreitete: *Der Leib des Herrn, mit Nadeln zerstochen und in einem Mörser zerstampft, begann zu bluten und Wunder zu wirken*[15]. Röttingen wurde dadurch nicht nur zum Wallfahrtsort, sondern auch zum Ausgangspunkt einer der brutalsten Judenverfolgungen des Mittelalters, betrachtet man die relative Kürze der Vorgänge und die begrenzte geografische Verbreitung im Verhältnis zu den enormen Opferzahlen. Ausgerechnet am 20. April 1298 schwang sich ein vorher und nachher nie in Erscheinung getretener Mann namens Rintfleisch zum Anführer einer offenkundig aufgehetzten Menge auf, die am selben Tag die kleine Röttinger Judengemeinde auslöschte. Wenig ist bekannt über die Person mit dem seltsamen Namen, der entweder eine Art Berufsbeschreibung darstellt – manche Forscher vermuten hinter ihm einen Handwerker, naheliegenderweise einen Metzger – oder einen Spitz- bzw. Hausnamen, denn viele Quellen bezeichnen ihn als *nobilis Rintfleusch*[16] oder *capitaneus und „König"*[17]. Die spärlichen Angaben lassen keinen endgültigen Schluss zu, ob es sich tatsächlich um einen niederen Adligen der Gegend oder um einen einfachen Bürger handelte, dem aufgrund seiner Anführerschaft gewisse Titel angetragen wurden.

Unzweifelhaft hatte der Mann charismatischen Einfluss auf seine Zuhörer und Anhänger, die ihm nur zu bereitwillig folgten. Nach einer schwer erklärbaren Pause machten sich unter Rintfleisch zahlreiche Bauern, Stadtbürger und Landbewohner der eher unteren Schichten auf, um von Ort zu Ort zu ziehen *mit dem Ziel, die Schmähung des Erlösers an seinen Feinden zu rächen*[18]. Hierin war der Pogromzug erschreckend erfolgreich. Nach Zurücklegung einer nicht unbeachtlichen Wegstrecke tauchte Rintfleisch mit seinem Gefolge Ende Juni 1298 vor Neustadt an der Aisch, anschließend in der Freien Reichstadt Windsheim auf. Stadt um Stadt fiel, oft unter Mithilfe der örtlichen Bevölkerung, den Horden der Judenmörder anheim, fast das gesamte südliche Franken war davon betroffen. Die jüdischen Gemeinden von Iphofen, Mergentheim, Tauberbischofsheim, Ochsenfurt, Kitzingen, Rothenburg ob der Tauber, Weikersheim und Möckmühl wurden gnadenlos ausgerottet. Selbst die Residenzstädte wehrten sich nicht oder konnten die Massaker nicht aufhalten: Bamberg, Nürnberg und vor allem Würzburg hatten enorme Opferzahlen zu beklagen, da dort Flüchtlinge aus den kleineren Städten und Märkten vergeblich Schutz gesucht hatten. Am 19. Oktober endete der blutige Zug des Rintfleisch mit der Ermordung der Juden in der Reichsstadt Heilbronn. Erst das Eingreifen von höchster Stelle durch den

Röttingen an der Tauber war zweimal in vierzig Jahren Ausgangspunkt brutaler Judenverfolgungen.

neuen König Albrecht (1298–1308) hatte den umherziehenden Haufen zum Stillstand gebracht – zu spät für etwa 5.000 ermordete jüdische Bürger.

Rintfleisch verschwand aus der Geschichte so spurlos, wie er vorher aufgetaucht war. Was mit ihm geschah, ob er festgenommen und hingerichtet wurde oder sich seiner Strafe entzog, ist unbekannt. *Im Allgemeinen setzten die Oberschichten in den Städten und die adligen Herren dem Wüten der Rintfleischhorden kaum Widerstand entgegen oder arbeiteten gar mit ihnen zusammen*[19]. Dies entsprach nicht der Regel, da die Fürsten, Fürstbischöfe und Reichsstädte für gewöhnlich, alle sonstigen Gegensätze außer Acht lassend, zusammenarbeiteten, um Aufwieglern und potentiell gefährlichen Volksbewegungen buchstäblich schnell wieder Herr zu werden. 1298 dagegen blieb die offizielle Gegenwehr schwach bzw. vollends aus, gerade unter den Bischöfen. Neben Skrupeln, eine Volksmenge zu bekämpfen, die ja unter dem Deckmantel einer religiösen Sendung agierte, spielte vermutlich ein Motiv eine bedeutende Rolle, das eine weitere Konsequenz der Diskriminierung der Juden war. Durch das christliche Zinsverbot waren unternehmerische Juden in die Finanzwirtschaft abgedrängt. Deshalb mochte sowohl der kleine Handwerker oder Bauer beim örtlichen Geldverleiher Schulden haben als auch der Fürst beim städtischen jüdischen Kaufmann. Der Kaiser selbst verbesserte die Situation keineswegs, indem er die Juden zu seinen Kammerknechten erklärte, eine vorgeschobene Schutzposition, da sie nun *mit ihrem Leben und Eigentum dem Kaiser gehörten, dem es zustand, nach Belieben über sie zu verfügen*[20]. Dieses zwiespältige Privileg machte sie bei der Bevölkerung nicht beliebter, beim Monarchen jedoch durch Schutzsteuern zu einer nicht zu vernachlässigenden Geldquelle. Kam es im Reich zu Bürgerkriegen und Nachfolgestreitigkeiten, wie etwa zur Zeit der Rintfleisch- und späteren Armlederverfolgungen, war die ohnehin recht abstrakte kaiserliche Protektion ein reiner Papiertiger. Womöglich waren also die persönlichen Motive Rintfleischs, der ihm folgenden „kleinen Leute“ und der sie gewähren lassenden hohen Adeligen identisch: Die komplette Ausrottung der jüdischen Gemeinden beseitigte im Zweifelsfall alle Gläubiger gleich mit. Dass dies vielen der aufgehetzten Mitläufer keineswegs bewusst war, sie vielleicht tatsächlich den im Zuge der Pogrome auch an anderen Orten auftauchenden Hostienfrevelvorwürfen Glauben schenkten, ist wahrscheinlich, entlastet jedoch selbst unter Berücksichtigung des damaligen Zeitgeistes keinen Mörder unschuldiger Bürger.

Arnold von Uissigheim war zum Zeitpunkt der Rintfleischpogrome, die im Taubertal ihren Ausgangspunkt hatten und ihre zentrale Kraft entfalteten, entweder ein Kleinkind oder noch gar nicht geboren. Der Ausdruck *iuvenis* auf dem Grabstein könnte sich sowohl auf sein Alter als auch auf die Tatsache beziehen, dass es noch einen Arnold den Älteren gab, sprich sein Vater gleichen Namens zu diesem Zeitpunkt noch lebte. Unwahrscheinlich ist Letzteres nicht, da ein Arnold von Uissigheim urkundlich durch mehrfache Erwähnungen von 1305 bis 1332 gesichert ist [21], also einige Jahre nach den Vorfällen des Jahres 1298. Wie man auf der kleinen Dorfburg Uissigheim zu den Ereignissen stand, entzieht sich unserer Kenntnis. Lange Zeit war auch der jüngere Arnold eine ähnlich blitzlichtartige Figur wie Rintfleisch, die nur für einen kurzen Moment in der Historie auftaucht und dann völlig verschwindet. Mancher zweifelte gar, dass er mit den Uissigheim und dem dortigen Grabstein in Verbindung gebracht werden könnte. Von den Quellen kaum gedeckte Vermutungen – und Verwechslungen – machten die Runde, ihn im Zusammenhang mit der Stadt Uffenheim zu sehen. Der beste Kenner der Ereignisse in Tauberfranken, Klaus Arnold, beseitigte alle Restzweifel durch den glücklichen Fund einer Urkunde in Wertheim, die für die Person Arnolds des Jüngeren enorm aufschlussreich ist.

In dem Schriftstück vom 24. November 1332 begegnet uns auch noch ein letztes Mal Arnold der Vater, der hier als Bürge für seinen Sohn auftreten muss – gemeinsam mit dessen Brüdern und zahlreichen anderen der weitverzweigten Familie. Grund für diesen Aufwand war nichts anderes als eine unrühmliche Missetat „unseres“ Arnolds von Uissigheim, die sich indirekt aus der Bestrafung erschließen lässt. Alle Mitglieder des Uissigheim'schen Hauses wurden haftbar dafür gemacht, sollte einer von ihnen in Zukunft den Geleitschutz des Grafen von Wertheim oder eines seiner Nachfolger – noch einmal – stören. Der Graf besaß folglich das hohe Privileg, Reisende durch sein Territorium durch Beigabe einer kleinen Truppe zu begleiten und diese dadurch unter seine besondere Obhut zu nehmen, seien es Boten, Kaufmänner oder sonstige mit einem Geleitbrief Ausgestattete. Offenkundig hatte ein Uissigheimer den Geleitschutz verletzt und damit nicht nur das geltende Gesetz gebrochen, sondern auch dem Ansehen der Wertheimer massiv geschadet. Wer dies war, erschließt sich aus der Tatsache, dass nur einer von ihnen eine harte Strafe erhielt: *Vorgnant Arnold der junger von Uzzinchein [...] czu Lihtmezze* – dem 2. Februar 1333 – *sol varen us dem lande und sol in zehen jaren die nehste uf enander gent vierzik milen czu Wertheim nimmer chemen in daz lant*[22]. Arnold wurde also des Landes verwiesen und durfte für die nächsten zehn Jahre einen Kreis von vierzig Meilen um Wertheim herum nicht mehr betreten. Diese Sanktion ging über das übliche Maß hinaus, sie war *außerordentlich hoch*[23], wobei die Einbeziehung der gesamten männlichen Verwandten als Bürgen und im Verfehlungsfall mit zu Bestrafende unterstrich, für wie gefährlich man Arnold in Wertheim offenbar hielt. Der Bruch des Geleitschutzes war schließlich nur der gewissermaßen amtliche Ausdruck für das, was man heute gemeinhin Raubrittertum und damals Plackerei nannte. Arnold hatte vermutlich einen Kaufmannszug auf Wertheimer Gebiet überfallen.

So scharf die Strafe ausfiel, so wenig konnte Graf Rudolf sie wohl ernsthaft durchsetzen. Zwar trat Arnold die nächsten vier Jahre nicht mehr in Erscheinung, doch die territoriale Zerklüftung der Region wird es ihm ermöglicht haben, im Taubergebiet zu bleiben, ohne direkt Wertheimer Land zu betreten. 1336 befand er sich jedenfalls wieder innerhalb des Vierzig-Vierig-Meilen-Radius, der für ihn noch sechs Jahre lang eine Verbotszone hätte sein müssen. Lorenz Fries, selbst gebürtiger Mergentheimer, berichtete Anfang des 16. Jahrhunderts in seiner berühmten Geschichte der Würzburger Fürstbischofe in einem Eintrag für das Jahr 1336: *Montag den 29. Heumonats und die beiden folgenden Tage des obigen Jahres brach zu Rotingen, Awe, Mergetheim, Uffenheim und Krautheim ein großer Aufstand des gemeinen Volkes gegen die Juden aus, welche in diesen Orten beinahe alle erschlagen wurden. Unlange hernach rottete sich ein bewaffneter Pöbelhaufen zusammen und durchzog das ganze Land, um die Juden zu morden*[24]. Es liest sich fast so, als hätte sich der gewissenhafte Fries um knapp vierzig Jahre in seiner Chronik geirrt, selbst der Ausgangspunkt der erneuten Verfolgung ist mit Röttingen an der Tauber derselbe, das Schema des Aufruhrs wirkt wie eine Neuauflage. Doch statt des plötzlich auftauchenden Rintfleisch stellte sich binnen Kurzem ein alter Bekannter an die Spitze der Meute: Arnold von Uissigheim, der geächtete Ritter aus der Nachbarschaft. Wie er in diese Position kam, darüber schweigen sich die Quellen aus, nur die Legenden meinen seine Motive zu kennen – eines wurde oben schon erwähnt.

Ähnlich äußerte sich ein schreibender Mönch vom Erfurter Petersberg, der sich zwar in der Datierung (1343) irrte, ansonsten jedoch eine genaue Kenntnis der Ereignisse vorgibt: Arnold hätte in Röttingen während einer Prozession, in der das Allerheiligste durch die Straßen getragen wurde, Verhandlungen geführt und durch Zufall miterleben müssen, wie die Hostie durch feindselige Juden geschmäht worden wäre. *Als besagter Ritter das hörte, schwor er bei ebenjenem Sakrament, mit allen umstehenden Männern nicht nachzulassen, bis die Juden getötet seien – was dann auch geschehen ist*[25]. Diese Variante der Begründung, die der Erfurter

Chronist mit einer gewissen Logik nach Röttingen als den ihm offenbar bekannten Ausgangspunkt der Verfolgungen und natürlich als Stätte eines berühmten Hostienfrevels verlegte, existiert ebenso für Rothenburg ob der Tauber, wo mit dem Zusatz, Arnold habe vor der Prozession an einer Gerichtsverhandlung teilgenommen, die tatsächlichen oder wenigstens plausibleren Motive anklingen. *Demnach dürfte bei Ritter Arnold wohl die persönliche Notlage und Verschuldung bei Juden als eine nicht unwesentliche Voraussetzung seines Vorgehens mit in Betracht zu ziehen sein*[26] – hier dürfte der wahre Kern des altbekannten Vorgehens seitens der Schuldner durchscheinen, sich der Gläubiger auf die radikalste Weise zu entledigen. Einen völlig anderen Grund nennt Johann von Winterthur, ebenfalls ein schreibender Mönch: Er berichtet von einem durch die Juden während eines Kreuzzugs ermordeten Bruder Arnolds, einem Ritter des Johanniterordens. Aus Schmerz schwor er allen Juden Rache, auch hier bis zur Ausrottung. Interessant ist, dass beide Versionen Arnold eher persönliche Motive unterstellen, für die er die ihm nachlaufenden Massen lediglich instrumentalisiert. *Er sammelt Gleichgesinnte um sich und überlegt, nicht ohne Berechnung, daß er sein Vorhaben noch erfolgreicher ausführen könne, wenn es ihm gelänge, möglichst viele Christen zu einem Rachefeldzug gegen die Peiniger und für den Kreuzestod Christi Verantwortlichen anstacheln könne*[27], agiert also keineswegs selbstlos. Die oben berichtete Ortssage, in der Arnold letztlich selbst zum Opfer der Juden wird, vermengt beide Motive, Hostienfrevel und hinterhältigen Judenmord, wodurch er vollends entlastet wird. Erwähnt sei, dass unter den Uissigheimern jener Jahre weder ein Angehöriger des Johanniterordens bekannt ist noch irgendein durch Mord aus dem Leben Geschiedener.

Für das Morden war Arnold schon selbst zuständig, er sammelte in der Tradition Rintfleischs einen schnell wachsenden Haufen an zornigem und offenkundig zu allem bereiten Volk um sich. Auch er hatte sicher charismatische Züge, doch die Organisation eines Aufstandes erforderte mehr als nur die Kenntnisse eines bislang lediglich als Raubritter in Erscheinung getretenen Landadeligen, besonders als sich frühzeitig herausstellte, dass die Obrigkeiten und Städte dieses Mal nicht gewillt waren, die gefährliche Meute widerstandslos durch die Lande streifen zu lassen. Trotzdem bestand deren Schlagkraft zu Beginn der Geschehnisse wohl vor allem in der schieren Menge, ihrer Agilität, einem auf sich selbst keine Rücksicht nehmenden Zorn und dem Erregungspotential der unteren Schichten in den Städten, die sich bei Heranrücken der Judenverfolger stets als mögliche Verbündete und damit als fünfte Kolonne innerhalb der Ortschaften erwiesen. Erneut ausgehend von Röttingen zogen Arnolds Truppen Ende Juli 1336 nach Aub, Laudenbach, Krautheim, Mergentheim, bis ins östlich gelegene Uffenheim. Für die Judenverfolger und insbesondere Arnold war es allerdings demütigend, dass gerade die nahe an Uissigheim gelegene mainzische Amtsstadt Tauberbischofsheim von ihnen nicht eingenommen werden konnte – dreimal bestürmte man deren Stadtmauern, dreimal wurde man zurückgeschlagen.

Die unerwartete Gegenwehr konnte Arnolds Pläne jedoch nur kurzzeitig erschüttern, seine Anhänger schien es ohnehin nicht an seiner Führung zweifeln zu lassen. Er erhielt von ihnen den seltsam anmutenden Titel *rex Armleder*, wobei der Titel König keine höheren politischen Ansprüche ausdrückte, sondern als gängiger und allen verständlicher Begriff üblich

Die später würzburgische Amtsstadt Aub war eines der Ziele von Arnolds Truppe.

war, um einen Anführer zu bezeichnen. Armleder dagegen war eine klug gewählte Beschreibung der Situation Arnolds: Einerseits waren Armleder Teil einer Rüstung, die nur den höheren Schichten erlaubt war, andererseits aber deren niedrigste Form. Wer etwas auf sich hielt und über die nötigen finanziellen Mittel verfügte, trug geschmiedete Schutzkleidung, nicht lederne. Ob sich Arnold also diesen charakteristischen Titel selbst gab, der ihn zwar als Adeligen, aber als einen Verarmten auszeichnete, oder er ihm in den Beschreibungen gegeben wurde, darüber darf spekuliert werden. Ähnlich verhält es sich mit seinem militärischen Talent, es war schließlich einfacher, eine Masse aufzuwiegeln, als sie gegen geordneten Widerstand ins Feld zu führen – vor allem, wenn man, wie man für Arnold vermuten darf, selbst über keinerlei ernsthafte Kampferfahrung verfügte.

Tauberbischofsheim war das erste Menetekel, das König Armleder vergessen machen wollte, indem er sich Richtung Nordosten wandte, wo er anfangs in den kleineren Städten Ochsenfurt und Iphofen neuerliche Erfolge aufweisen konnte. Einen weiteren Triumph erzielte er in Kitzingen, dessen Obrigkeit sich ihm zwar widersetzte – doch nach bewährtem Muster setzten sich die unteren Schichten der Stadt durch und öffneten dem heranziehenden Arnold die Tore. *In einem Blutbad ging die Judengemeinde unter*[28]. Die Stoßrichtung der Armledertruppe war nun klar, die Residenzstadt Würzburg, in der man ein ähnliches Einverständnis der Bewohner – zu Recht – vermutete, war das nächste Ziel. Dort saß jedoch kein zögerlicher Fürstbischof wie einst Manegold von Neuenburg (1287–1303), sondern der wesentlich tatkräftigere Otto II. von Wolfskeel (1333–1345), der noch dazu trotz des ansonsten herrschenden ständigen Dauerstreits den Rat der Stadt auf seiner Seite wusste. Beide waren sich einig, dass der eigenen Bevölkerung keineswegs zu trauen sei, weshalb man es – die Ereignisse in Kitzingen vor Augen – nicht darauf ankommen lassen wollte, Armleder und seine Anhänger bis vor die Stadt rücken zu lassen. Ein würzburgisches Aufgebot zog den Judenverfolgern Anfang August an den Main entgegen und stellte Arnold am nördlichen Ufer bei Kleinochsenfurt.

Die Niederlage der Haufen Armleders war vollständig. Sie wurden von den besser ausgebildeten und professionellen Würzburger Truppen aufgerieben, zersprengt und teils getötet. *47 Gefangene wurden mit ihrer Beute nach Würzburg geführt, die übrigen zerstreuten sich in ihre Heimat*[29], berichtet Lorenz Fries. Unter den Festgenommenen fehlte allerdings der gescheiterte Heerführer, Arnold war ebenfalls Richtung Heimat entkommen. Wie er in die Hände des Grafen von Hohenlohe geriet, der ihn ausgerechnet in Röttingen einsperrte, ist nicht bekannt, es war nicht seine letzte Station. Der Graf lieferte ihn an den Würzburger Bischof aus, der ihn am 14. November 1336 in Kitzingen durch das Schwert hinrichten ließ. Es war das Ende des Arnold von Uissigheim – doch nicht das Ende des König Armleder. Dieser feierte mehrfach eine unheimliche Auferstehung, einerseits als verehrter „Märtyrer" in seiner Heimatgemeinde, wohin sein Leichnam überstellt worden war, andererseits als Idol der Judenverfolger, die ihn ganz konkret wiederaufleben ließen. Noch während der Unruhen in Tauber- und Mainfranken im Sommer 1336 hatte ein Berichterstatter dem Fürstbischof von Trier das gefährliche Aufflammen von Judenmorden unter Führung eines König Armleder beschrieben und durchaus Wirkung erzielt: *In Trier rüsten Bischof, Grafen, Adel, Bürger und Juden täglich gegen ihn und sein Heer in der Furcht, er könnte den Rhein überschreiten, wenn man sich nicht vorsehe*[30]. Mit der Niederlage durch die Truppen des Würzburger Mitbruders schien diese Gefahr gebannt.

Doch wie aus dem Nichts kehrte, so möchte man fast sagen, der Geist Armleders zurück. Am 10. Juni 1337 tauchte ein aufgebrachter Mob vor Tauberbischofsheim auf und vollbrachte im Handstreich, was Arnold auch nach dreimaligen Versuch nie gelungen war: Man drang in die Stadt ein und tötete die dortigen Juden. Sollte man in den Residenzen gehofft haben, es handle sich dabei vielleicht nur um einen isolierten Racheakt, um die Schmach des vorigen Jahres auszubügeln, so sah man sich bald getäuscht: Schlimmer noch als unter der Führung Arnolds breitete sich der Flächenbrand der Judenpogrome aus. Erst die unmittelbare Gegend heimsuchend, fielen die israelitischen Gemeinden in Buchen, Külsheim, Lauda und Weikersheim den Mördern in die Hände. Das nordöstlich gelegene Gebiet des Würzburger Bischofs diesmal vermeidend, wandten sich die Haufen Richtung Süden nach Brettheim bei Crailsheim

Ein typischer jüdischer Friedhof, hier bei Ullstadt/Mittelfranken. Nach den Judenpogromen des 14. Jahrhunderts zogen die Juden in Franken auf die Dörfer.

und Widdern, aber auch den Main hoch Richtung Norden tief ins Mainzer Kurfürstentum nach Aschaffenburg. Die Wiedergänger des toten Armleder gerieten keineswegs ins Stocken und legten ein enormes Tempo vor, die Welle *griff jetzt jedoch weit über den fränkischen Raum hinaus nach Hessen, an den Mittelrhein und die Mosel, nach Schwaben*[31]. Es erwies sich nun, dass der Trierer Erzbischof keineswegs einer Hysterie verfallen gewesen war, sondern die Lage offensichtlich gut eingeschätzt hatte. Zwar konnte er den Übergriff auf sein Land nicht vollends verhindern, die Pogrome dort jedoch relativ schnell eindämmen. So urplötzlich der Hass erneut aufgeflammt war, so schnell verebbte er wieder bei konsequenter Gegenwehr. Gleichwohl hatte er ein weiteres Mal Tausende von Opfern unter den Juden gefordert und ein Gebiet betroffen, das im Norden bis Limburg an der Lahn, im Westen bis Cochem an der Mosel reichte. Es wurde nicht nur im Geiste Arnolds gehandelt, er hatte auch konkrete Nachfolger gefunden, denn mehrere Angehörige des niederen Adels stellten sich an die Spitze regionaler Haufen.

Und doch sollte er auf noch unheimlichere Weise zurückkehren. 1338 tauchte König Armleder wieder auf! Jedoch nicht in Franken, sondern im Elsass. Die Rolle Röttingens übernahm dort das straßburgische Städtchen Rufach, welches bereits 1309 Schauplatz eines Pogroms gewesen war. 29 Jahre später gingen die Verfolgungen erneut von dort aus, lokalpolitische Querelen waren der vorgeschobene Anlass zum erneuten Massaker an den Juden, welches noch ohne erkennbaren Anführer durch ansässige Handwerker und Bürger verübt wurde und von dort aus auf einige andere hochstiftische Orte übergriff. Erst anschließend und ohne direkten Zusammenhang, wohl die aufgeheizte Stimmung nutzend, traten zwei Anführer, ein bürgerlicher – Johann Zimberlin aus Andlau – und wiederum ein niederer Adliger – *Burggraf Johann „Unbehauen" von Dorlisheim*[32] – in Erscheinung, die beide teils selbst, teils in den Beschreibungen später den Namen *rex armleder* führten. Arnolds Titel war zu einer Art „Markenzeichen" geworden, *aus der ersten Bezeichnung für den inzwischen gerichteten Armleder war in Südwestdeutschland offenkundig bereits ein Gattungsbegriff für die Anführer von Judenpogromen geworden*[33] und dies nicht einmal zwei Jahre nach seinem Tod. Es zeigte sich erneut, wie sehr ein tatkräftiges und entschlossenes Handeln den umherziehenden Horden Einhalt gebieten konnte. Die Attacken der *Armleder-Haufen vor Colmar schlug beim ersten Mal eine vereinte Attacke Colmarer Juden und Christen und im Mai 1338 ein Entsatzangriff durch ein Aufgebot der Stadt Straßburg*[34] zurück. Die elsässischen Juden waren weitaus weniger gewillt, nur passiv auf den Schutz der Herren zu warten oder ihr Heil in der Flucht zu suchen und konnten mit den selbstbewussten Reichsstädten und dem Fürstbischof auf resolute Verbündete zählen. So wurde die dritte Armleder-Bewegung ebenfalls nach wenigen Monaten blutig beendet. Ihre Anführer kamen – im Gegensatz zu Arnold – dagegen recht milde davon, Johann Zimberlin, der neue König Armleder, musste lediglich schwören, *in den nächsten zehn Jahren keine Juden mehr schädigen oder angreifen*[35] zu lassen, die beteiligten Adeligen wurden überhaupt nicht zur Rechenschaft gezogen. Sollten sich die geschlagenen Anhänger Armleders von Franken über Hessen bis ins Elsass zähneknirschend zur Rache entschlossen haben, so brauchten sie auf die nächste Gelegenheit nicht allzu lange zu warten: Im Zuge der großen Pestwelle 1348/49 kam es im ganzen Reich zu Judenpogromen, nun unter dem neuen Vorwurf der Brunnenvergiftung. In Würzburg, Bamberg und Nürnberg verschwanden die Judenviertel für Jahrhunderte, ihre Synagogen wurden abgerissen und durch Kirchen ersetzt.

Uissigheim aber verfiel wieder in den Alltag eines kleinen abgelegenen fränkischen Dorfes. Für Aufruhr sorgten nun andere, etwa der Pfeifer Hans Böhm aus dem benachbarten Niklashausen 1476, dessen Aufstand sich jedoch nicht gegen die Schwächeren nach unten, sondern gegen die Unterdrücker nach oben richtete. Doch während der ehemalige Hirte sofort dem Verdikt des Ketzers verfiel und auch verbrannt wurde, errichteten die Uissigheimer ihrem Hausheiligen das erwähnte Hochgrab, wofür sie offensichtlich einen sehr fähigen Bildhauer beauftragten. Der Aufwand lohnte sich durchaus, die örtlichen Gläubigen, aber auch zahlreiche Pilger auf der Durchreise verehrten den antisemitischen Adeligen. Spezielle Folklore entwickelte sich um das Grab. Im *Arnoldskasten* wurden jährlich Abgaben gesammelt, Naturalien vor allem, die der Kirche zufielen. Noch *1753 und 1757 wird der Arnoldskasten mit Blech beschlagen*[36], sprich renoviert; erst die heraufziehende Aufklärung schaffte die Gebräuche um den unseligen Ritter ab, darunter auch zahlreiche abergläubische Riten, etwa das Abschaben des Grabes, um den Sand *in Krankheitsfällen dem Vieh einzugeben*[37], wie es Wallfahrer Richtung Walldürn gerne praktizierten. Deren Weg führte über Uissigheim und machte das Grab Arnolds bis Mitte des 18. Jahrhunderts zur Pflichtstation. Ganz anders hatte sich die Erinnerung an den Raubritter und Totschläger bei den Juden eingeprägt, die später wieder in der Gegend siedelten. Die um das Dorf vorhandenen Flurnamen *Am Judenpfad, Judengärten, Judenloch und Judenrain*[38] deuteten zwar darauf hin, dass hier ein wichtiger fränkischer Judenweg vorbeiführte[39], ihre Lage unterstrich jedoch ein weiteres Mal, *daß die Ritter von Uissigheim Feinde der Juden waren, denn der in weitem Bogen um das Dorf herumführende sog. „Judenpfad", welchen die Juden von Külsheim früher zu ihren Gängen nach Gamburg benützten*[40], existierte noch Ende des 18. Jahrhunderts. Der direkte Weg durch den Ort, an dem auch die Pfarrkirche St. Laurentius liegt, heißt dagegen bis auf den heutigen Tag Ritter-Arnold-Straße.

2.

Räubereien für Reliquien: Nikolaus Muffel (1410–1469)

„Weren im etwievil guldin aus dem ermel gefallen."

Im seinerzeit in ganz Europa aufsehenerregenden Buch *Über Verbrechen und Strafe*, welches in manchen Ländern zur – allerdings oft nur kurzzeitigen – Aussetzung der Todesstrafe führte, hatte der italienische Aufklärer Cesare Beccaria (1738–1794) auf eine besonders weitreichende und deshalb langfristig extrem gefährliche Art von Vergehen hingewiesen: *Die Anschläge auf die Sicherheit und Freiheit der Bürger stellen eines der größten Verbrechen dar; und unter diese Klasse von Verbrechen fallen nicht nur Mord und Diebstahl, sondern auch die der Großen und der Beamten, deren Einfluss weiter reicht und nachhaltiger ist; denn er zerstört in den ihnen Untergebenen die Begriffe von Recht und Pflicht und ersetzt sie durch die Rechte des Stärkeren, was schließlich ebenso gefährlich ist für den, der so handelt, wie für den, der darunter leidet*[41]. Mit anderen Worten, ungesühnte Verbrechen der Obrigkeit erzeugen bei den Untertanen das Gefühl der Willkür und Hilflosigkeit, aber auch den Zorn und Revolutionsgeist – je mehr sich das Gefühl eines „Die Kleinen hängt man, die Großen lässt man laufen" verstärkt, desto unsicherer wird letztlich auch die Position der Regierenden.

So gesehen konnten sich die Ratsherrn der mächtigen Reichsstadt Nürnberg vermeintlich beruhigt fühlen, nimmt man etwa das berühmte Tagebuch des Henkers Franz Schmidt (1554–1634) als Maßstab, der dieses Amt über Jahrzehnte in der Noris ausübte. Schmidt hatte nach eigenen Aufzeichnungen etwa um die 750 Personen gestraft, doch aus der Schicht der Patrizier schien lediglich ein Mann, *herr doctor Niclaß von Gilgen, so eines erbaren raths gehäimer rath gewesen*[42], ernsthaft mit dem Gesetz in Konflikt gekommen zu sein. Dessen Liste an Vorwürfen reichte allerdings für mehrere: Er war nicht nur des Geldbetrugs, des Geheimnisverrats und der Anmaßung von Titeln, sondern auch der Bigamie und der Vergewaltigung verdächtig. Bei dieser Menge an Anschuldigungen konnten ihm offensichtlich weder sein Stand noch seine guten Verbindungen mehr helfen: Einen Tag vor Heiligabend 1605 wurde er durch Franz Schmidt enthauptet.

Die Hinrichtung oder zumindest strenge Bestrafung eines Mitglieds der Oberschicht war somit ein seltenes Spektakel, das der Nürnberger Untertan in Stadt und Land höchstens einmal in seinem Leben zu sehen bekam. Doch worauf deutete dies hin? Nimmt man das reine Zahlenverhältnis, gibt es naturgemäß nur ein paar Hundert Patrizier gegenüber Zehntausend einfachen Nürnbergern, doch selbst relativ betrachtet wären die Oberen gesetzestreuer gewesen als ihre Untertanen. Natürlich war dies nicht der Fall, für einen Patrizier

Heute eine Idylle: Blick vom Stadtsteinacher Galgenberg, wo der spätere Nürnberger Henker Franz Schmidt einst seinen ersten Verbrecher hinrichtete, nach Untersteinach (siehe auch Seite 61).

Der Benediktinerabtei St. Egidien stand die Familie Muffel seit jeher sehr nahe. Nikolaus Muffel stiftete beträchtliche Geldmengen zur Ausschmückung der Kirche.

war lediglich die Gefahr deutlich geringer, von den Behörden verfolgt zu werden, die von seinen Standesgenossen – noch dazu zumeist Verwandte – beherrscht wurden. Von Reichsgesetzen abgesehen überwachten sie Vorschriften, die sie selbst erlassen hatten. Einen der Ihren wie den genannten Nikolaus von Gülchen opferte man also nur, wenn es unumgänglich oder sogar nützlich war. Geht man von 1605 aus die Jahre zurück, muss man lange nach weiteren verurteilten Übeltätern aus der Reihe der Patrizier suchen. 1514 schrammte Anton Tetzel, die höchste Position der Stadt innehabend, buchstäblich am Schwert des Henkers vorbei – auch er war des Geheimnisverrats bezichtigt worden. Statt dem Richtblock blühte ihm eine lebenslange Haft auf der Burg. Ein weiterer Tetzel, Sebald, und sein Patrizierkamerad Hans Haller landeten in den 1470er-Jahren in den Lochgefängnissen des Rathauses – der Grund hierfür ist unbekannt[43]. Hingerichtet dagegen und zwar auf die unehrenhafteste Weise, die damals denkbar war, nämlich durch den Strang am Galgen, wurde der Vorderste Losunger und damit erste Mann des Stadtstaates, Nikolaus Muffel, 1469 nach einem Schnellprozess. Die Anklagepunkte lauteten Unterschlagung öffentlicher Gelder und Geheimnisverrat.

Der Aufstieg der Muffel verlief fast parallel zu dem ihrer Wahlheimat Nürnberg. *Chunrat der Mvffil, purger ze Nvrenberch*[44], taucht in Urkunden der 1280er- und 1290er-Jahre auf, kurz nachdem sein Geschlecht aus der Gegend von Neumarkt in der Oberpfalz in die Reichsstadt umgesiedelt war – ein sehr kluger Schachzug, denn die Muffel waren wie die Uissigheim Angehörige der Ministerialenschicht, des niedersten Adels, der gerade massiv an Einfluss und Bedeutung verlor. Im Gegensatz zu den Tauberfranken setzten sie auf die Möglichkeiten der Stadt, behielten einige Ländereien in der Oberpfalz, konzentrierten sich aber auf ihre sehr erfolgreiche Etablierung in der bürgerlichen Oberschicht. *Bereits 1332 lässt sich ein Muffel als Mitglied des Rates nachweisen*[45]. Man hatte sein Ziel erreicht und war somit weitaus mächtiger geworden als ein kleiner Adliger auf dem Lande. In Nürnberg, wo sich Ansehen und Reichtum paarten, gehörten die Muffel bald zum unverzichtbaren politischen und gesellschaftlichen „Establishment". Geld besaß man einerseits dank der vorhandenen und bald noch erweiterten Besitzungen: Die Muffel erwarben die Orte Eschenau und Eckenhaid sowie Ermreuth, wo sie kleinere Ansitze errichteten oder übernahmen[46]. Andererseits beteiligten sie sich am Motor des Nürnberger Wohlstandes – neben den Handwerkern – den florierenden Handelsgesellschaften. *1408 bis 1447 gehörte man zu den 40 bis 90 wohlhabendsten Nürnbergern*[47], an der Spitze lagen somit andere, doch waren die Muffel auf Tuchfühlung. Es reichte, um etwa König Wenzels (1378–1400) Aufmerksamkeit zu erregen, der sich als Freund Nikolaus Muffels sah – des Großvaters „unseres" Nikolaus Muffel. Diese Freundschaft beruhte, wenn man so möchte, auf Gegenseitigkeit: Nikolaus war freigiebig mit Krediten für den Monarchen, konnte sich umgekehrt hierfür in dessen Nähe sonnen und wurde ab und zu mit einem Geschenk bedacht: So erhielt er bei einem Aufenthalt des Königs in Nürnberg – sogar im Hause der Muffels beim Egidienkloster – *einen bewerten span von dem heyligen creutz*[48], eine wertvolle Reliquie. In seiner Religiosität, seinem Machtbewusstsein, seinen frommen Stiftungen und dem Anstreben und Erreichen hoher städtischer Ämter war der 1392 verstorbene Nikolaus ein Vorgänger und Vorbild seines Enkels und Namensvetters, der 1410 geboren wurde.

Die führende Stellung Nürnbergs im Reich auf kulturellem, wirtschaftlichem und politischem Gebiet – sei es als Reichsstadt mit großem Landgebiet, sei es als beliebter Aufenthalt von Monarchen und Reichstagen – mit Ausstrahlung nach ganz Europa dürfte um 1500 kaum jemand bestritten haben. Hinzu kam die besondere Ehre, seit 1424 die Reichskleinodien aufbewahren und alle Jahre vorzeigen zu dürfen, was der Stadt zusätzlich enormes Prestige, Symbolkraft und Einnahmen durch Schaulustige verlieh. Als Nikolaus Muffel als Begleiter des Romzugs König Friedrichs III. während der heiligen Messe 1452 dem Papst den Baldachin tragen und ihm Weihwasser reichen durfte sowie vom Pontifex höchstselbst Brot und Wein empfing, wusste er, dass diese Auszeichnungen nicht im persönlich galten, sondern der *stat Nuremberg: Die het den grosten namen*[49].

Es war folglich nachvollziehbar, welch erstrebenswertes Ziel die hohen Posten in der angesehenen Stadt darstellten – ebenso nachvollziehbar ist, wie erstrebenswert es war, den Zugang zu diesen zu verteidigen. *Die Ratsoligarchie bildet [...] eine eigene Klasse mit stark feudal geprägten Zügen*[50] oder anders ausgedrückt ließe sich leicht von *einem selbstherrlichen Stadtregiment*[51] sprechen. Wie alle Reichsstädte war Nürnberg – nachdem man den Burggrafen, der als Nachbar und ewiger Dauergegner unter dem Titel des Markgrafen erhalten blieb, vertrieben hatte – eine Art Republik mit dem Kaiser als nominellem Stadtoberhaupt. Die Regierung der Stadt übernahm der Rat, doch dessen Mitglieder bildeten bald, beginnend mit dem frühen 13. Jahrhundert, eine zunehmend kleinere Gruppe an Familien. Dabei *handelte es sich um Großkaufleute, die häufig im Reich und außerhalb dessen Grenzen unterwegs waren. Aus diesem Kreis und aus dem der Ministerialität formierte sich im 13. Jahrhundert der Rat*[52]. Die Vorteile lagen auf der Hand: Diese Personen hatten Ahnung von Finanzen, Verbindungen und diplomatische Fähigkeiten. Und sie waren reich. Die etwa vierzig Familien umfassende ratsfähige Schicht schottete sich nach unten ab, was die Aufnahme neuer Mitlieder anging, aber auch das Hineinreden.

Die höchste Position, welche die Stadt zu bieten hatte, war der Vorderste Losunger und zwar derjenige von den beiden, der dieses Amt länger innehatte – der Name leitete sich ab von einer speziellen Steuer, der Losung. Dies lässt den Ursprung und die immer noch vorhandene Aufsicht über Finanzen erkennen, doch die Losunger waren weitaus mehr als nur ein *schatzmaister*. Ihnen *oblag die gesamte finanzielle Verwaltung, also Steuereinnahmen und Rechnungsauslegung. Aller Schriftverkehr ging durch ihre Hände. So entsprach dieses Amt einerseits dem des heutigen Oberbürgermeisters, doch andererseits reichte es weit darüber hinaus, da die Reichsstadt als Stadt-Staat die Landesherrschaft ausübte und selbständige Außenpolitik betrieb*[53].

Nikolaus Muffels Aufstieg war keineswegs zäh, er brachte viel zu viele hervorragende Eigenschaften mit, um unberücksichtigt zu bleiben, *und kome das erste jar, als ich bey gelag, in rat und wart pfleger hie zu sant Diligen im 1433 jar*[54]. Kaum 23 Jahre alt, wurde Muffel in den Elitezirkel des Kleinen Rates aufgenommen und zum Pfleger – dem städtischen Aufsichtsbeamten für die Klöster – von Sankt Egidien bestellt, der Benediktinerabtei, mit der seine Familie eng verbunden war. Die eigene Sippe dürfte dabei keine unwesentliche Rolle gespielt haben, nicht nur wegen seiner berühmten Vorfahren: Muffels früh verstorbene Mutter war eine Tetzel, der jung Waise gewordene Nikolaus war in der Obhut eines Onkels und seiner Großmutter aus diesem sehr mächtigen Patriziergeschlecht aufgewachsen. Auch sonst bestanden zahlreiche verwandtschaftliche Beziehungen zu althergebrachten Familien. Bereits mit 21 Jahren hatte er geheiratet, eine Adelige vom Land, Margarethe von Laufenholz, und damit selbst eine weitere Voraussetzung für den Ratseintritt geschaffen. Ob damit außerdem tatsächlich langfristig Ambitionen auf den Adelsstand befriedigt werden sollten, die später den Neid der Ratskollegen hervorriefen[55], ist mehr als fraglich – die Laufenholz waren aristokratisch gesehen ein kleines Licht, Muffels zahlreiche Kinder wurden später

1440 wurde Nikolaus Muffel Pfleger des Frauenklosters Sankt Klara. Auch hier kam es zu Unregelmäßigkeiten.

ganz traditionell wieder mit Nürnberger Geschlechtern verheiratet, sofern sie nicht ins Kloster eintraten. Der Verlauf seiner weiteren Karriere verlief rasant. Hierfür gab es einen weiteren Grund. Muffel war prädestiniert für seine Aufgaben, weil er gegenüber manchem Patrizier einen unschlagbaren Vorteil besaß: Er hatte nicht nur Geld, sondern auch Zeit. Weder hatte er ein Studium absolviert noch war er wie viele seiner Kollegen aktiv mit Handelsgeschäften befasst, er lebte von Beteiligungen und den Erträgen seines Besitzes. Dies waren beste Voraussetzungen dafür, zum Berufspolitiker zu werden, was eigentlich ein Glücksfall für die Nürnberger Verhältnisse war, weil Personen wie Muffel sich voll und ganz den zunehmend komplexeren Geschäften städtischer und landesherrschaftlicher Verwaltung widmen konnten.

Es ist also durchaus kein Zufall, dass er oft auf Reisen im Namen der Stadt an den Kaiserhof oder andere Residenzen geschickt wurde – einerseits vernachlässigte er zu Hause kein

Geschäft, andererseits scheint er durchaus diplomatisches Geschick besessen zu haben, sonst hätte man ihm in teils jungen Jahren nicht stets erneut mit wichtigen Missionen betraut. Höhepunkt dieser Laufbahn war sicher 1452 der schon erwähnte Zug nach Rom zur Kaiserkrönung des Habsburgerkönigs Friedrich III. *Der Rat hat Niclas Muffel und Georg Derrer mit etlichen Reisigen abgefertigt*[56], die Soldaten dienten dem Schutz der Reichskleinodien, die für die Zeremonie notwendig waren und für die Muffel mit seinem Begleiter verantwortlich zeichnete. Dass ihm in Rom als Vertreter der Stadt zahlreiche Ehrerweisungen zuteil wurden, wurde oben geschildert, doch für Muffel war der Besuch der ewigen Stadt auch aus anderen Gründen ein unvergessliches Erlebnis. Nach seiner Rückkehr verfasste er ein kleines Büchlein, *Beschreibung der Stadt Rom*, dessen Titel etwas irreführend ist, gerade für heutige Leser. Weder handelte es sich um eine Art Baedeker, noch berichtete er – sehr zum Verdruss der Historiker – von den bedeutenden Ereignissen, an denen er als direkter Beobachter teilnahm. Die Kaiserkrönung wird nur ganz zu Beginn als Anlass des Romaufenthalts erwähnt, dann widmet sich Muffel auf vielen Seiten der Beschreibung der römischen Kirchen, Heiligtümer, deren Legenden, den Ablässen und Reliquien – oder, wie es Wilhelm Vogt, Herausgeber dieser Schrift im 19. Jahrhundert, etwas genervt formuliert hat: *Gerne würden wir ihm die weitschweifigen erzählungen von legenden und kirchlichen märchen, die er mit einer sichtlichen freude erzählt, und seine übervielen verzeichnungen des ablasses schenken*[57]. Die professorale Kritik zeigt wenig Verständnis für Muffels Vorhaben, keinen Reise-, sondern einen Pilgerführer für zeitgenössische Romfahrer anzubieten. Doch sie ist nachvollziehbar angesichts der tatsächlich ermüdenden Aufzählungen von Jahrhunderten an zu gewinnenden Ablässen pro Reliquie und abstruser Geschichten wie etwa, um nur ein Beispiel zu nennen, vom *strick, do sich Judas anherhing, und ob dem strick stund ein Maria pild gemalt, und do man den strick darhing, do floch das Maria pild an die ander seytten hinüber und ward ein stym gehort: Ich will do nit sein, do der strick ist des, der mein lieben sun verratten hat, und stet also noch gemalt do an der anderen mauren*[58]. Für das Denken Nikolaus Muffels ist sie jedoch höchst aufschlussreich: Ein Humanist hätte vollkommen andere Prioritäten gesetzt, doch Quellen, das antike Erbe und die Kultur der Renaissance Italiens interessierten den Nürnberger Ratsherren nicht, trotzdem verfasste er eine Schrift für die Nachwelt, ein Werk, das einen direkten Nutzen haben sollte. Das Rom-Buch konnte gewissermaßen zum Abhaken der verschiedenen Ablässe benutzt werden, dazu kam noch Muffels enorm riesige Sammlung an Reliquien, 308 besaß er bereits, auf 365 – eine für jeden Tag – wollte er seinen Bestand erhöhen. Dieses geradezu kaufmännische Prinzip, um himmlische Schulden abzutragen, mag man als unbewusst gut nürnbergerisch, in jedem Fall als der damaligen Lebenswelt entsprechend entschuldigen, doch ein seltsamer Beigeschmack bleibt erhalten.

War die Rom-Reise so etwas wie der Höhepunkt in Bezug auf die Außenpolitik, so erreichte Nikloaus Muffel mit 47 Jahren in der Innenpolitik, wonach jeder Patrizier strebte: *Darnach wart ich losunger im 1457 jar*[59]. Er war nun ganz oben – und sollte dort zwölf Jahre bleiben. *Nichtsdestoweniger ist er erichtags nach Reminiscere – dem 28. Februar – anno 1469 vor Gericht gestellet worden und ist darauf dem die execution des Urteils dem Nachrichter anbefohlen und er in er schamloten schauben ausgeführet und mit dem Strang gericht*[60], anschließend drei Tage hängengeblieben, bis man den Verwandten gegen die Gewohnheit bewilligte, ihn abzunehmen und nach Eschenau zu überführen. Dieses letzte Privileg – ebenso wie das der Haube, die ihm erlaubt war zu tragen – konnte nicht darüber hinwegtäuschen, dass der oberste Mann der Stadt, zur Überraschung vieler erst vor Kurzem überhaupt festgenommen, auf äußerst unehrenhafte Weise hingerichtet worden war. Wie konnte es hierzu kommen?

Im Rat war er offenkundig so geschätzt, dass ihm bei seinem Aufstieg weder große Steine in den Weg gelegt wurden, noch sich Widerspruch regte gegen das Anvertrauen wichtiger und heikler Missionen noch gegen Wiederwahlen in höchste Ämter. Mangel an ehrwürdigen Alternativen bestand schließlich keineswegs. Und ein Zuckerschlecken waren mühselige Verhandlungen nicht immer, wie eine hübsche Anekdote zeigt, die der Stadtchronist Müllner aufgezeichnet hat. So entgegnete Markgraf Albrecht Achilles, mit dem die Stadt noch vor Jahren Krieg geführt hatte, der sich nun aber von ihr erhoffte, dass sie in einem weiteren Konflikt des streitbaren Hohenzollern ihre Neutralität aufgeben solle, während einer Sitzung äußerst unzufrieden, *als ihm hernach des Rats Schluß durch Niclas Muffel eröffnet worden*. Dieser fiel nicht zu seiner Zufriedenheit aus: *Du Muffelmaul, wie lang hastu gemuffelt, bis du es herausgemuffelt hast*[61]. Das Zögern Muffels verweist allerdings auf einen bestimmten Hintergrund: Für gewöhnlich verstand er sich persönlich mit dem Markgrafen ganz gut, eine Verbindung zu dem alten Gegner, die manchen Nürnberger misstrauisch stimmen musste.

Doch ab etwa 1460 sorgte Nikolaus Muffel immer wieder für den ein oder anderen Eklat während der Sitzungen, worüber die Ratsprotokolle Aufschluss geben.

1. *Herr Nicolas Muffel ist von Rats wegen gesagt, er habe etliche wort geredt Linhart Grolant antreffent, die besser gelassen weren, doran ein Rate nicht gefallen hett*[62] – Muffel war offenbar mit seinem Ratskollegen heftig aneinandergeraten. Nun wird man zu Recht einwenden, ungewöhnlich sei dies nicht, auch im Gemeinderat von Gaubüttelbrunn falle sicher ab und zu ein lautes Wort. Dabei sollte man allerdings nicht übersehen, dass es sich in Nürnberg eher um einen Staats- denn einen Stadtrat handelte, dementsprechend hatte hier der Kabinettschef einen Minister vor versammelter Runde zusammengestaucht. Der Ton war offenbar ungewöhnlich, wie die Tatsache der öffentlichen Rüge Muffels und das Festhalten im Protokoll belegt. Beide Beteiligten gelobten Besserung.

2. Im gleichen Jahr lehnte Muffel eine Beschäftigung ab, in der er jahrelang seiner Heimatstadt treue Dienste geleistet hatte. Gemeinsam mit Jobst Tetzel, einem Verwandten, sollte er eine diplomatische Gesandtschaft zum Kaiser nach Augsburg anführen, doch Muffel weigerte sich strikt, wurde erneut ausfällig, er würde *eher sein kopf lassen abhauen*[63], als den Auftrag auszuführen. Die Ratskollegen reagierten empört, konnten zwar Muffel nicht zwingen – er trat die Reise auch nicht an – schworen aber, ihm diese Widerspenstigkeit nicht zu vergessen. Die Gründe für seine Haltung gab Muffel nicht an, ob er nun als Losunger nicht mehr gewillt war, solche Missionen zu verrichten, oder ob er keine Position beziehen wollte in Hinblick auf den Markgrafen, um dessen Streitigkeiten es einmal mehr ging, blieb sein Geheimnis.

3. In seiner Eigenschaft als Pfleger des Frauenklosters Sankt Klara, einem Posten, den er seit zwanzig Jahren innehatte, agierte Muffel scheinbar ebenfalls nachlässiger. Eine fromme

Stiftung von gut 900 Gulden blieb vorerst liegen, das Geld fand nicht den Weg zu den Nonnen, bis es Beschwerden gab. Der Rat befürchtete Misshelligkeiten mit dem Bamberger Bischof und mahnte Muffel, seinen Pflichten nachzukommen.

4. Eifriger zeigte er sich, wenn es um persönliche Beziehungen nach Bamberg ging. Schon seit Beginn der 1460er-Jahre bemühte er sich, einen seiner Söhne, Hans, auf den Posten des Propstes des Stiftes Sankt Stephan zu hieven. Der Rat zeigte gegenüber diesem Vorhaben anfangs durchaus guten Willen, ein Nürnberger an wichtiger Stelle in der Bischofsstadt war nicht zu verachten. Dummerweise gab es jedoch einen direkten Konkurrenten, einen Grafen aus dem mächtigen Geschlecht derer von Henneberg, der ebenfalls Anspruch auf das Amt erhob. Muffel ließ *Gerichtsverfahren auf Kosten und im Namen der Stadt für seinen Sohn Hans gegen die Grafen von Henneberg führen*[64], was keineswegs im Sinne des Rates war, der sich bei den Adeligen entschuldigte und Muffel erklärte, die Stadt wäre nicht zuständig für seine persönlichen Händel um Ambitionen, was dieser wiederum nicht einsehen wollte. Muffels gute Verbindungen nach Rom sorgten dafür, dass sein Sohn Propst wurde – doch als der Prozess um den Posten endete, wurde er abgesetzt; ein Henneberger folgte ihm nach. Da war Nikolaus Muffel allerdings schon tot.

5. Gerichtsprozesse führte er auch gegen seine eigenen Untertanen, es ging um Besitzstreitigkeiten auf dem Land. Offenbar hoffte er auch hier auf tatkräftige Unterstützung seitens des Rates, der jedoch nicht gewillt war, sich in diese privaten Streitereien einzumischen. Muffel fühlte sich hierdurch düpiert und drohte, er werde sich diese Missachtung fortan nicht mehr gefallen lassen, ja, er habe bereits 38 Punkte aufgezeichnet, *worin ihm Widerwillen bewiesen sei*[65]. Man forderte Muffel auf, diese Liste vorzuzeigen, die er offenbar benutzen wolle, um den Rat bei anderer – höherer – Stelle eventuell zu verklagen. Damit war der Losunger über das Ziel hinausgeschossen, ihm drohte eine langwierige Untersuchung, Muffel verweigerte das Vorzeigen der womöglich ohnehin nicht existierenden Liste. Plötzlich wollte er es nicht so gemeint haben, *habe er das geredt, so sey es ungeverlich geschehen*[66], also ohne nachzudenken. Er musste öffentlich Abbitte leisten und urkundlich versichern, nicht gegen den Rat und die Stadt vorgehen zu wollen.

Muffel eckte also im Rat seit Jahren an, hatte sich dort regelrechte Feinde gemacht, darunter Jobst Tetzel, trotzdem dieser aus der Familie seiner Mutter stammte, und den Juristen und Humanisten Hans Pirckheimer, der dem Losunger offenbar genau auf die Finger schaute und ihn immer wieder wegen Nachlässigkeiten bei der Amtsführung anging, was zur zeitweiligen Suspendierung Pirckheimers führte, der seinen Ratssitz verlor[67]. Die Konflikte zogen sich zwar über einen Zeitraum von fast zehn Jahren hin, waren mal heftiger, mal schnell beigelegt, doch dürfte es vielen Ratskollegen auf die Dauer wenig behagt haben, *daß Muffel, öfter als irgend ein anderer dem Rath mit seinen Privatangelegenheiten zu schaffen machte*[68], was selbst seine Verteidiger einräumen mussten.

Trotz der ständig wiederkehrenden Querelen unternahm offenbar in all der Zeit niemand den Versuch, Muffel absetzen oder von seinem Posten verdrängen zu lassen. Man darf davon ausgehen, dass bei allen Misshelligkeiten bis zu einem gewissen Grad eine Art Korpsgeist herrschte, der vorhandene Zwiste erst einmal im Innern beließ. Auch gab es sicher Skrupel, durch einen Skandal Zweifel an der eigenen Machtausübung aufkommen zu lassen, solange sich die Angelegenheiten ohne Aufsehen beilegen ließen. Dies galt jedoch – wie die Ereignisse der Jahre 1468/69 zeigen – nur bis zu einem bestimmten Punkt. Das Stillhalten des Rates, das im Folgenden noch deutlichere Formen annimmt, deutet darauf hin, dass Muffel einerseits im Rat durchaus noch auf beträchtlichen Rückhalt zählen konnte, andererseits aber vor allem, wie sich noch bestätigen sollte, weiterhin über gute Verbindungen außerhalb verfügte.

Die nun berichteten Geschehnisse, die ihn letztlich zu Fall bringen sollten, rekonstruieren sich anhand der Zeugenaussagen und Gerichtsprotokolle, die sich erhalten haben. Die Bewertung erfolgt anschließend nach Schilderung der Ereignisse. Über einen Vorfall Anfang Mai 1468 berichtet eine von vier Zeugen bestätigte Urkunde: *Hette sich begeben, das Niclaus Muffel in der losungstuben ob der tafel bei dem goldpeuttel gesessen were, mit etlichen guldin gehanndelt hett, und als er darnach auffgestannden und über die stuben geganngen, weren im etwievil guldin aus dem ermel gefallen und da die uff dem esterich erclungen, hette er hinumb gesehen und gesprochen: ‚Wie geet das zu?' wer der Muffel selbst erschrocken und nicht anders geantwürt, denne die guldin weren nicht sein und gehöretten in den beuttel*[69]. Die Zeugen waren nicht irgendwer: Es handelte sich um Muffels Kollegen als Vorderster Losunger, Anton Tucher, den Vertreter der Handwerker, Anton Tallner, und die beiden Schreiber Johann Rynolt und Martin Vischer. Das peinliche Vorkommnis blieb nicht verborgen, Anton *Tucher hat solches etlichen des Ältern Rats vertrauet, welche gleichfalls darüber erschrocken und doch darfür gehalten, daß die Sach noch zur Zeit nit zu eröffnen wäre*[70]. Welche Bedenken hinter dem *noch nit* stecken, darüber darf spekuliert werden, doch Muffel nutzte seine Schonfrist nicht, nur wenige Wochen später kam es zum nächsten Zwischenfall.

Wiederum in der Losungsstube, der Machtzentrale der Stadt, ging es um Finanzgeschäfte. Die beiden Losunger, Muffel und Tucher, füllten gemeinsam mit dem Schreiber Vischer Geldsäcke für das Spital zum Heiligen Geist ab. Die fertigen jeweils mit tausend Gulden bestückten Säckchen brachte Muffel in einen Nebenraum, wo sich eine eiserne Truhe zur Aufbewahrung befand. *Also tett Muffel die eysinin büchsen auf und praytet seine cleider auf das weytest über die büchsen, und als er ein gute weyl in der laden umbgangen were, stünde er auf und ginge auß der stuben und were ein weyle auß und käme wider*[71]. Später fehlte ein Sack mit tausend Gulden, ein Verlust, den anfangs offenkundig niemand bemerkt hatte. Den später im Verhör gebrachten berechtigten Einwand des Verhörers Nikolaus Groß, wie denn jemand solch einen nicht ganz kleinen Sack aus der Stube habe transportieren können, entkräftete Muffel laut Protokoll selbst: *Sein tasche wer gros, als dass Jeronimus Kreß sein sweher wol wißt, dann er möchte wol sechs groß öpffel geruwiglich darein schieben*[72]. Wieder stellte ihn sein Kollege Tucher zur Rede – Muffel gab vor, er hätte das Geld in eine Wechselstube gebracht – wieder ging die Sache vor den Rat, wieder geschah nichts.

Buchstäblich das Genick brach ihm ein Vergehen, dass der Rat bei aller sonstigen Zögerlichkeit stets, wie wir aus den zu Beginn geschilderten Fällen bereits wissen, streng ahndete – Geheimnisverrat. Der Vorfall kommt harmlos daher: Dem Rat waren offensichtlich vermehrt Gerüchte über Angelegenheiten zu Ohren gekommen, die gar nicht hätten bekannt sein dürfen, sodass *der Bürgermeister bei versambleten Rat einen jeden bei seinem Eid befragt, ob ihme bewusst, durch wene solches geschehen, darauf der Muffel alsbalden freiwillig bekannt, daß er derselbe gewesen und dem Abt zu St. Egidien solche Sachen eröffnet hätte*[73]. Noch am selben Tag – wohl dem 15. Februar 1469 – ließ man nach kurzer Beratung Nikolaus Muffel festnehmen und ins Lochgefängnis werfen. Der Vertrauensbruch, der den Losunger bald zusätzlich in Verdacht brachte, er habe auch dem Markgrafen ab und zu Information zukommen lassen, nahm seinen Unterstützern im Rat sämtliche Argumente und gab stattdessen seinen Gegnern Anlass, seinen Eskapaden endgültig ein Ende zu setzen.

Vom 16. bis 23. Februar wurde der Beschuldigte täglich – mit Ausnahme des Sonntags – verhört. Die ihm vorgeworfenen Vergehen gestand Muffel ein, sowohl freiwillig als auch unter Folter. Deren Anwendung war damals gängige Praxis, für den Zeitgenossen machte dies keinerlei Unterschied, während uns heutzutage ein durch Gewalt erpresstes Geständnis wenn nicht gar völlig wertlos, so doch als Quelle äußerst zweifelhaft ist. Dies gilt auch für die Teile, die davor oder danach entstanden sind – schließlich sind die Angst vor den Qualen oder die erneute Drohung damit keine guten Wahrheitshelfer. Tatsächlich hat Nikolaus Muffel nach ein paar Tagen seine Aussagen größtenteils widerrufen – er habe lediglich aus Furcht, ohne die geweihten Sakramente plötzlich auf der Folterbank zu sterben, seinen Verhörern nachgegeben. Dies ist beim tiefreligiösen Muffel durchaus möglich. Gleichwohl gibt es zahlreiche Hinweise, die von ihm und seinem Geständnis unabhängig sind. Den Verrat von Geheimnissen hatte er selbst noch vor seiner Verhaftung, also ohne großen Druck, im Rat zugegeben. Für den Vorfall mit den herausfallenden Geldstücken gab es mehrere Zeugen, deren Aussagen zwar betreffs des exakten Tages, nicht aber am Ablauf der Ereignisse Zweifel zuließen. Auch der undurchsichtigste der drei Punkte, das Verschwinden des Sackes mit den tausend Gulden, für den es nur zwei direkte Zeugen gab, geriet in ein anderes Licht durch Muffels spätere Bitte an seinen Beichtvater, durch seine Kinder *eine ansehnliche Summe an die Losungsstube zurückzuerstatten*[74]. Dass vielen Ratsherren wahrscheinlich ein Stein vom Herzen fiel, als der unbequeme Muffel am 28. Februar nach buchstäblich kurzem Prozess hingerichtet wurde, ändert nichts daran, dass ihnen aufgrund seiner Vergehen nach damaligem Verständnis kaum eine andere Wahl geblieben ist. Eine Wahl hatten sie allerdings: Sie hätten ihm die absolute Demütigung des Todes durch den Strang ersparen können. Warum sie auf dieser Härte beharrten, bleibt ein Rätsel.

Nicht nur dies dürfte für Unruhe in der Stadt gesorgt haben. Dort hatte sich eine erstaunliche Pro-Muffel-Stimmung breitgemacht. Das gern zitierte Spottgedicht des „Volksdichters" Heinz Überzwerch, welches böse mit dem Rat ins Gericht ging und diesem quasi einen politischen Justizmord vorwarf, sollte man nicht allzu ernst nehmen – Überzwerch hatte Verbindung zum Hof des Markgrafen, an dem Nikolaus Muffel nicht nur gut im Ansehen stand, sondern wo man ohnehin geneigt war, den Nürnbergern jederzeit eins auszuwischen. Wesentlich wahrscheinlicher ist, dass das Verhalten des Rates, der die ganze unappetitliche Affäre schnellstmöglich hinter sich bringen wollte und die Taktik des Schweigens wählte, dadurch genau die Skepsis hervorrief, die er zu vermeiden suchte. Schließlich war Muffel keineswegs volksnah gewesen, die unteren Schichten verspürten in den für sie größtenteils

Der Henkerturm (rechts) und Henkersteg in Nürnberg. Hier wohnte der Scharfrichter, so auch Franz Schmidt.

nicht nachvollziehbaren Vorgängen vermutlich eher ein „Die dort oben machen, was sie wollen", was für Unmut sorgte. Hinzu kamen mächtige Fürsprecher der gut vernetzten Familie. *Es haben aber für ihn intercedirt und gebeten Laurentius Episcopus Ferrariensis, ein päpstlicher Gesandter, und Herzog Ludwig in Bairn, item Markgraf Albrechts Gemahel, und soll viel darauf verwettet worden sein, man würde ihn nicht richten*[75]. Der rheinische Pfalzgraf erkundigte sich bei der Stadt, was es mit der Hinrichtung Muffels auf sich habe, von der er durch einen der Söhne des Losungers gehört habe. Man schickte sogar eine Gesandtschaft, um die Umstände zu erklären. Das Gnadengesuch der Markgräfin mochte beim Rat eher kontraproduktiv Vermutungen über die allzu engen Bindungen nach Ansbach bestätigen, es war ebenso wenig von Nutzen wie die Bitten aus Rom und Bayern. Vor allem dürfte man in Nürnberg erleichtert gewesen sein, dass einer auffällig schwieg. Vom Kaiserhof kam nichts, kein Einschreiten zugunsten des einstigen Botschafters, keine Nachfrage nach den Vorgängen durch Friedrich III., der schließlich das nominelle Oberhaupt der Stadt war. Die Gemüter innerhalb der Stadt ließen sich weniger leicht beruhigen. Erst nach fast zwei Wochen ging man dazu über, sich öffentlich zu den Vorfällen zu äußern, eine Transparenzoffensive begann. Dokumente wurden veröffentlicht, Aussagen von Zeugen noch einmal von vereidigten Schreibern niedergelegt und notariell beglaubigt. Doch inzwischen war genug Zeit verstrichen, um zahlreiche Gerüchte zu streuen. Auch an dem überhasteten Vorgehen *bei der gerichtlichen Prozedur und der schimpflichen Hinrichtung des hochgestellten Mannes*[76] machte sich weiterhin Kritik breit, außerdem unterstrich das Verfahren einen Mangel des Systems, der sich nun rächte: Der Rat war ja Ankläger, Ermittlungsbehörde und Gerichtsherr zugleich. Wer misstrauisch bleiben wollte, hatte also durchaus Gründe – und dass ausgerechnet Muffels Intimfeind Jobst Tetzel sein Nachfolger wurde, verdeckte manchem die unzweifelhaften Missetaten des gestürzten Losungers.

Bleibt noch die Frage nach den Motiven Muffels. Der Geheimnisverrat bleibt völlig rätselhaft, der Losunger, der ja ohnehin schon unter Druck stand, da ihm klar gewesen sein muss, dass die Vorfälle mit den Geldern nur vorerst auf Eis lagen, handelte entweder unbedacht, was nicht gerade wahrscheinlich ist bei jemandem, der seit über dreißig Jahren im Rat sitzt, oder stellte seine persönlichen Bindungen höher als die Amtspflichten. In jedem Fall eine grobe Fahrlässigkeit – was er sich davon versprach, wird sich nicht mehr klären lassen. Anders bei den Unterschlagungen. Hier wurde mehrfach darauf hingewiesen, dass Muffel in finanzielle Schwierigkeiten geraten war, etwa durch den Konkurs von Handelsgesellschaften, an denen er Beteiligungen besaß, und somit *wirtschaftlich wohl angeschlagen*[77], er hatte auch hier und dort Schulden. Allerdings lagen diese Verluste schon etwas zurück, auch die ausstehenden Summen waren keineswegs existenzbedrohend, im Gegenteil, Muffel konnte durchaus noch immer als wohlhabend gelten, dazu kam der vorhandene Besitz an Land und Gütern. Warum also hat er, wie er im Verhör berichtete, vor knapp *zwey jare [...] die dyepstale angefangen*[78]? *Der Grund für die Unterschlagung war Muffels fanatische Sammelleidenschaft von Reliquien*[79]. In dieser Ausschließlichkeit mag das übertrieben sein, doch es wäre eine plausible Erklärung. Dazu könnte auch Muffels eigene Aussage passen, dass er, sobald *sein sach besser würde, wider zu geben und die* gestohlenen Gulden *nicht zu behalten*[80]. Womöglich besaß er durch die Zusammenbrüche des Handelshauses einfach nicht mehr genug flüssiges Kapital. Wenn sich ihm die Gelegenheit eines Kaufes einer nicht gerade billigen Reliquie bot, griff er deshalb im Zweifelsfall auf die Gelder aus der Losungsstube zurück, um den finanziellen Engpass zu überbrücken. Es ist nicht einmal unglaubhaft, dass er die veruntreuten Summen wieder zurückgeben wollte oder sogar gab, größere Unregelmäßigkeiten sind bis zu seiner Entdeckung ja nicht aufgetreten. Als kluger Schachzug der Stadtoberen erwies es sich auch, von den Familienmitgliedern keine Rückzahlungen zu fordern, sodass deren Widerspruchsgeist allmählich erlahmte. Man kann es als Zeichen der Rückkehr zur Normalität, als absolute Überparteilichkeit, Wiedergutmachung aufgrund schlechten Gewissens oder Ausdruck der herrschenden Klüngelverhältnisse ansehen: 1479, zehn Jahre nach den Ereignissen, begrüßte der Kleine Rat ein neues Mitglied in seinen Reihen – Gabriel Muffel, Nikolaus Muffels Sohn.

3.

Bürgermeister, Wiedergänger, Werwolf: Michael Leicht (1624–1684)

„Als Geist und Wolff zugleich / thät ich die Menschen plagen."

Markt Bibart, Sitz eines fürstbischöflich-würzburgischen Oberamtes, südöstlichster Außenposten des Hochstifts, etwa Anfang des 18. Jahrhunderts: Die Hefe-Urschel, eine Tagelöhnerin, ging frühmorgens zum Dienstantritt in die Zehntscheuer und fand zu ihrer Freude dort

Im würzburgischen Amtshaus in Markt Bibart residierte der fürstbischöfliche Amtskeller.

ein feines, weißes Hemd. Da sie als Erste vor Ort war, versteckte sie das Kleidungsstück, wartete den Abend ab und nahm es mit nach Hause. Hier löste sie das Band um das Hemd, doch zu ihrem Erschrecken entsprang dem Kleidungsstück ein Mann! Nachdem sie sich gefasst hatte, forderte sie die Gestalt auf zu gehen, doch ohne Erfolg. Stattdessen erwies er sich, obwohl gelegentlich frech, als zeitweilig durchaus angenehmer Hausgenosse, *er half ihr manchmal bei der Hausarbeit*[81]. Trotzdem wurde der Hefe-Urschel ihr unheimlicher Mitbewohner irgendwann zu viel und sie bat einen Schlotfeger, ihn in den Wald zu verbannen. Seitdem begegnete den Franziskanern aus dem Kloster Schwarzenberg oberhalb von Scheinfeld auf ihrem Weg zum Schloss Seehaus bei Markt Nordheim, wo sie Gottesdienst zu halten hatten, regelmäßig ein großer Hund, manchmal ein Kalb, das sie einige Zeit begleitete, dann plötzlich verschwand. Die Mönche berichteten ihrem Vorsteher davon, der sich beim nächsten Mal selbst auf den Weg machte und tatsächlich auf den Hund traf. Erfahrener als seine Mitbrüder, sprach er das Tier an, das ihm antwortete, er sei ein früherer würzburgischer Amtskeller – also ein für Finanzen zuständiger Beamter – aus Markt Bibart, der zahlreiche Mündelgelder veruntreut habe. Er bitte darum, seiner Frau auszurichten, sie möge die Gelder zurückerstatten, damit er erlöst werde; andernfalls werde auch sie mitsamt den Kindern bestraft werden. Dies war der letzte Auftritt des Hundes. Der Priester suchte die Witwe des Amtskellers auf, doch diese sah sich nicht in der Lage, dem Wunsch ihres Mannes zu entsprechen, ohne dabei ihre Familie in Armut zu stürzen. *Sie zog von Marktbibart hinfort und bald darauf hieß es, Mutter und Kinder seien kurz nacheinander gestorben und im Nachlaß habe sich kein Pfennig gefunden.*[82] – Eine Sage, natürlich. Doch nur gut fünfzig Kilometer südlich hatten kurz zuvor Ereignisse stattgefunden, die einige erstaunliche Parallelen aufweisen.

Die Geschichte vom Markt Bibarter *Kellereigespenst* steckt voller ungewöhnlicher Details, auf die hier leider nicht näher eingegangen werden kann[83]. Für das Folgende sind jedoch besonders drei Elemente von Bedeutung: 1. Im Mittelpunkt steht ein unredlicher Verwaltungsbeamter, der mit Geldern betraut ist seine Position missbraucht, um sich auf Kosten der Ärmsten selbst zu bereichern. Die veruntreuten Mündelgelder könnten den Ansatz zu einem Motiv bilden, warum auch die Kinder des Kellers unter seiner Tat zu leiden haben. 2. Offenkundig von der irdischen unentdeckt, verfällt der Übeltäter nach seinem Tod der höheren Gerechtigkeit und wird zu einer unerlösten Seele, mit anderen Worten zu einem Wiedergänger, den die Tagelöhnerin versehentlich befreit. Nach der erneuten Bannung verwandelt er sich in ein Tier, ein ebenfalls typisches Erscheinungsbild eines Revenants, die aufgrund *eines unnatürlichen Todes oder eines Frevels oftmals als Hund, Wolf, Katze, Kröte, Frosch, Luchs, Schwein*[84] oder wie hier als Kalb auftreten. 3. Diese Vertreibung aus dem Haushalt der Hefe-Urschel, die den Amtskeller nicht nur in die Tierform, sondern fortan auch in ein streng umgrenztes Waldgebiet zwingt, wird durch einen Kaminkehrer vorgenommen. *Wegen seiner Ähnlichkeit mit dem Teufel wurde dem Schornsteinfeger die Fähigkeit zugeschrieben, diesen oder mit seiner Hilfe andere Geister zu bannen*[85], eine Fähigkeit, die sonst oft Geistlichen vorbehalten ist, wie das Beispiel des Franziskanermönchs zeigt.

Dem Ansbacher Bürgersohn Michael Leicht war es sicher nicht in die Wiege gelegt, dass auch er buchstäblich zu einer Legende in seinem Ort werden würde, als er Anfang 1624 das

Der Innenhof des Ansbacher Rathauses und „Arbeitsplatz" des Michael Leicht.

Licht der Welt erblickte. Anders als der Marktflecken Markt Bibart befand man sich hier im Zentrum des Geschehens, in der Residenzstadt der Markgrafen von Brandenburg-Ansbach, neben dem Fürstbischof von Eichstätt und der Reichsstadt Nürnberg bei Weitem der mächtigste Grundherr des südlichen Franken, was naturgemäß dem Sitz seiner Regierung zugutekommt. Noch 1621 wurde das Rathaus von 1531, das für das weitere Leben Leichts eine bedeutende Rolle spielen sollte, erheblich erweitert, *der Rath erkaufte damals die daran gelegen gewesene Wildemanns Wirthschaft auf dem obern Markt und lies dasselbe mit dem aeltern Rathaus vereinigen, und unter ein Dach bringen und noch das dritte Stockwerk darauf setzen*[86]. Es sollte allerdings für lange Jahre der letzte repräsentative Bau in der Stadt sein, erst Ende des Jahrhunderts nahm man wieder größere Vorhaben in Angriff, denn die Zeitläufte, in die Michael Leicht geboren wurde, waren wenig friedfertig. Franken war ein Kerngebiet des Dreißigjährigen Krieges und der Markgraf, Gründungsmitglied der Protestantischen Union, blieb mit seinem Gebiet alles andere als verschont. Während das Umland schwer zu leiden hatte, kam die Stadt Ansbach gleichwohl einigermaßen glimpflich davon. Es wird *berichtet, die Residenz habe unter dem Krieg am geringsten im Fürstentum gelitten*[87]. Dies ist natürlich nur relativ im Verhältnis zu den enormen Schäden an Mensch und Material zu sehen, die der Rest des Staates erlitten hatte. Wiederholt kam es zu Plünderungen durch Freund und Feind, von denen vor allem die Vorstädte betroffen waren. Immerhin gelang es mehrfach, belagernde Truppen durch das mühsame Zusammenklauben einer *Brandschatzung*[88] zufriedenzustellen, also einer Kontributionszahlung, um sich freizukaufen. Zusammen mit dem Bevölkerungsverlust, der auch in der Stadt weitaus mehr als ein Drittel der Bevölkerung betrug, da neben der kriegerischen Unbill noch Krankheiten und Mangelversorgung hinzukamen, sorgten vor allem drückende Schulden am Ende der Auseinandersetzungen für desolate Zustände in Ansbach.

Gleichwohl erholte sich die Residenzstadt schneller und besser als die ohnehin mehr geschundenen Märkte, Dörfer und Weiler der unteren Markgrafschaft, wo die Landleute noch über Jahrzehnte hinweg überwiegend ärmlich, verstreut und recht furchtsam leben mussten. Selbst dies wirkte sich, wenn man so will, zu einem gewissen Vorteil für Ansbach aus – zwar war kein Geld für aufwendigere Bauten vorhanden, doch die Anziehungskraft des Hofes sorgte für ein nach Kriegsende langsames, aber stetiges Bevölkerungswachstum der Stadt. Gerade die Schicht, zu der Michael Leicht gehörte, profitierte von dieser Entwicklung. Zusammen mit den Wirten, Kaufmännern und Handwerksmeistern stellten sie einerseits die Gruppe der oberen Bürger, die wiederum andererseits eifersüchtig ihre privilegierte Position in der Stadt verteidigte. Das manifestierte sich in der Besetzung der wichtigsten Posten, die es innerhalb der Kommune zu vergeben gab. Leicht war geradezu ein Paradebeispiel eines solchen Ansbacher „Großbourgeois“: *Dieser war 1665 bereits der zweitreichste Bürger von Ansbach mit zwei Häusern, Anbau und Stadel (insgesamt 1350 fl. veranlagt) und 1674, 1678, 1682 war er Amtsbürgermeister*[89], also in vierjährigem Turnus. Dazu kamen zahlreiche andere höhere Aufgaben, von besonderer Bedeutung diejenige des Kastenalmosenpflegers, welche die Verwaltung von Geldern beinhaltete. In irgendeiner Weise herausragende Aktivitäten entfaltete er trotzdem nicht, mit sechzig Jahren starb er Anfang April 1684.

Nun mag man zu Recht einwenden, dass der Mann immerhin jahrelanges Mitglied des Rates, aber vor allem mehrfach Bürgermeister gewesen ist, also doch in jedem Fall höchste Positionen innerhalb seiner Stadt erreicht hatte. Dies ist allerdings nur nominell richtig. Abgesehen davon, dass ihm der Zugang zu diesen Ämtern durch seine Stellung erleichtert wurde, war der Rat der Stadt Ansbach nicht vergleichbar etwa mit dem der Stadt Nürnberg. Ein Michael Leicht als Bürgermeister war etwas anderes als ein Nikolaus Muffel. Denn Ansbach war zwar die Haupt- und Residenzstadt eines bedeutenden Fürstentums, aber verwaltungstechnisch war sie deshalb nicht besser gestellt als eine der ansbachischen Landstädte Crailsheim, Feuchtwangen oder Uffenheim. Jeder einfache Stadtrat in der benachbarten Reichsstadt Windsheim hatte mehr Einfluss auf das Geschehen in seiner Kommune als ein Ansbacher Bürgermeister in der seinen. *Ein städtisches Patriziat konnte hier nie entstehen; freie Kaufmannschaft, wie sie die Reichsstädte wirtschaftlich und kulturell prägte, kannte Ansbach nicht;*

auch nicht einen selbstbewussten Rat, der über reine Verwaltungsgeschäfte und bloßen Befehlsempfang hinaus eigene Stadtpolitik gemacht hätte[90]. Bürgermeister gab es deren vier, unterstützt von einem 20-köpfigen Rat, der sich wiederum in einen älteren (acht Mitglieder) und jüngeren (zwölf) teilte. Letztlich blieb diesem neben den alltäglichen kleineren Amtsgeschäften allenfalls eine beratende Funktion.

Die wichtigste Position der Stadt war der direkt vom Markgrafen eingesetzte Obervogt, ein sehr angesehener Posten, stets reserviert für einen verdienten Adeligen. Gleichwohl hatte auch er nicht allzu viel Einfluss auf das Geschick der Ansbacher: *Er spielt eine weitgehend passive Rolle, entwickelt keinerlei spürbare Eigeninitiative und dient bestenfalls als Vermittler herrschaftlicher Befehle und als Repräsentativorgan*[91]. Oft glänzte er bei Versammlungen, wenn nicht überhaupt, durch Abwesenheit. Die eigentliche Macht im Ort übte der Stadtvogt aus, auch er vom Fürsten berufen, zumeist aus dem höheren Bürgertum, allerdings nicht aus dem seiner Amtsstadt. Ihm oblagen die Aufsicht und die Aufgabe, den Willen des Markgrafen direkt durchzusetzen, seine wichtigste Position lag in der des obersten Richters, verantwortlich war er theoretisch dem Obervogt, praktisch dagegen nur dem Fürsten selbst. Im Prinzip regierte also der Markgraf die Stadt, vermittelt durch den Stadtvogt. Der Rat hatte lediglich abzunicken, was aus der Residenz nebenan kam, und seine ohnehin geringen Rechte gingen im Laufe des zunehmendem Umbaus des Staates in Richtung Absolutismus mehr und mehr verloren. Bürgermeister- und Ratswahlen waren nur im Einvernehmen mit dem Stadt- und Obervogt durchführbar, sofern der Markgraf nicht einfach kurzerhand seinen Wunschkandidaten durchsetzte. Das Anforderungsprofil für einen ihm genehmen Bürgermeister hatte er klar definiert: *Gottesfürchtigkeit, Redlichkeit, die Eigenschaft, dem Geiz fremd zu sein, und eine „Leibkonstitution", die in den Stand setzt, wirkliche Dienste zu leisten*[92]. Ob Michael Leicht diesen Kriterien entsprach, darüber gingen die Meinungen weit auseinander. *Mit der gehobenen Beamtenschaft kam das Volk verhältnismäßig selten in nähere Berührung*[93], was auch für die Bürgermeister mit ihrer noch wesentlich geringfügigeren Verantwortung gelten dürfte, doch hatte Leicht wie erwähnt aufgrund seiner Ratsmitgliedschaft noch andere Posten inne, darunter das folgenreiche des Kastenalmosenpflegers, *eine der wichtigsten Pflegen*[94], also eine Stiftung, die den Armen der Stadt Gelder zur Verfügung stellte und damit eine tragende Säule des Sozialsystems war. *Die Kastenalmosenpflege hat als Vermögen ansehnliche herrschaftliche Stiftungen in Geld. Weitere Einkünfte sind die Einlagen aus den Opferstöcken in den Kirchen. Sie ist die wichtigste Institution zur Armenfürsorge. Von ihr werden sowohl hausarme Bürger als auch durchziehende Arme, aus Glaubensgründen Vertriebene und die Patienten in Seelhaus und Lazarett versorgt*[95], Gruppen, an denen es in den Jahren nach dem Dreißigjährigen Krieg alles andere als gemangelt hat.

Wie überall, so war und ist die Verfügungsgewalt über ansehnliche Gelder ein Machtmittel. Karl-Sigismund Kramer weist, ein Urteil Johann Caspar Bundschuhs zitierend, darauf hin, dass die Bevölkerung des Fürstentums Brandenburg-Ansbach als extrem vorbildlich galt in ihrem Vertrauen in die Verwaltung, *sie lebe zufrieden, ruhig und der Obrigkeit ergeben*[96], dabei leicht einschränkend, dass solch ein gutes Einvernehmen abhängig gewesen sein dürfte von der *Persönlichkeit des ausgewählten Amtmannes*[97]. Diese Erkenntnis leitete sich allerdings eher

Das Markgrafenschloss Ansbach war die eigentliche Machtzentrale der Stadt.

aus den Ansichten der Landuntertanen und dem generellen Verhalten des Hofes ab, der den Ruf genoss, „schnell und unbürokratisch" einzugreifen. Diese *schnelle Entscheidungskraft der Ansbacher Verwaltung*[98] belegen auch die noch zu schildernden Vorgänge des Jahres 1685. Über das Verhalten Michael Leichts und sein dortiges Ansehen im Rat ist nichts bekannt, doch wirft ein zu seiner Zeit bestehendes Privileg des ansonsten eher repräsentativen Gremiums ein womöglich nur allzu charakteristisches Licht auf gewisse Züge dort sitzender Personen. Seit 1338 bestand *ein uraltes Sonderrecht von Bürgermeister und Rat, die so genannte „Freiung"*[99], die es den Mitgliedern erlaubte, eine Woche im Jahr ohne Einmischung der Vögte und des Markgrafen Gerichtsurteile zu sprechen. *Diese Woche richterlicher Kompetenz des regierenden Bürgermeisters ist gekennzeichnet von horrenden Strafsätzen auf der einen Seite und von wenigen Straffällen auf der anderen*[100]. Diejenigen, die so dumm waren, sich gerade in dieser Zeit etwas zu schulden kommen zu lassen, wurden durch teils exorbitante Geldstrafen ordentlich geschröpft. Dieser offensichtliche Amtsmissbrauch wurde zu Beginn des 18. Jahrhunderts durch Abschaffung des Sonderrechts auf Befehl des Markgrafen endgültig beendet.

Das Eingreifen des Fürsten belegt auch, dass es sich zwar um eine Ausnahme im Verhalten des Rates, jedoch offenkundig um eine regelmäßig wiederkehrende Untat handelte. Noch mehr Möglichkeiten konnte die Kastenamtspflege bieten, *die Versuchung aus dem aufgetragenen Amt persönlichen Nutzen zu ziehen, lag natürlich nahe*[101]. Manchem Bittsteller aus der untersten Bevölkerungsschicht mochte es wie Hohn scheinen, dass der zweitreichste Mann der Stadt über solche Gesuche die Aufsicht führte. Doch könnte man dem entgegenhalten, dass ein finanziell gut versorgter Mann weniger korruptionsanfällig ist und es nicht nötig hat, sich auf Kosten der Armenkasse zu bereichern – ein Argument, dass jedoch oft durch die Fakten konterkariert wird. Michael Leicht galt jedenfalls den Ansbachern und offenbar auch vielen Bewohnern des Umlandes – man denke an die oben genannten Durchreisenden – keineswegs als der geeignete Mann für diesen Posten und hatte allgemein einen sehr schlechten Ruf, was seine Amtsführung anging. Seine Witwe fing schon im Jahr nach seinem Tod Rechtshändel mit einem Mitbürger an, ein öffentlich ausgetragener Streit, der sich um Schuldeneintreibung drehte und Anna Maria Leicht als hartnäckige und wenig glimpfliche Person charakterisierte. Dabei kam auch zur Sprache, dass ihre Gegner ihr vorwarfen, *sie habe ein schön Lob in der Stadt, wir sind ehrliche Leut*[102], was, auch wenn man die Erregung in der Auseinandersetzung mit in Rechnung stellt, wenig für die Beliebtheit der Witwe und vermutlich des Ehepaares überhaupt in Ansbach spricht. Nun könnte dieser Vorwurf der Unehrlichkeit einfach nur aus dem Neid der sozial Benachteiligten erwachsen sein, zur Verteidigung Leichts ließen sich durchaus einige Punkte anführen. So war es üblich, dass der Kastenamtspfleger nicht allein tätig war, sondern stets im Verbund mit einem weiteren Ratsherrn. Bei der klüngelähnlichen Gemeinschaft der Stadtoberen musste dies jedoch kein Hindernis für Manipulationen sein. Fakt ist, dass gegen Michael Leicht und seine Amtsführung als Kastenamtspfleger während seiner aktiven Zeit keine Verfahren eingeleitet oder überliefert wurden. Ebenso wenig zu leugnen ist jedoch auch, dass nicht nur die Rückschlüsse aus den Äußerungen gegenüber der Witwe, sondern vor allem die folgenden Ereignisse belegen, dass Michael Leicht in weitem Umkreis im Ruf stand, ein betrügerischer Pfleger gewesen zu sein, ein Vorwurf, der massive Verbreitung fand und von der Regierung offiziell ignoriert, aber dem ihrerseits nie öffentlich widersprochen wurde. Dazu schien auch kein Grund mehr bestanden zu haben, schließlich war Michael Leicht am 6. April 1684 beerdigt worden.

Über ein Jahr später, am 27. Juli 1685, fiel ein Wolf einen elfjährigen Jungen bei Rutzendorf, einige Kilometer südöstlich von Ansbach, während des Pferdehütens an und verletzte ihn so schwer, dass das Kind noch vor Ort starb. Dies war der Auftakt zu einer folgenreichen Serie von Anschlägen durch das Tier, welches die Region südlich der Rezat zwischen der Oberamtsstadt Windsbach, der Sommerresidenz Triesdorf und der Hauptstadt Ansbach in Aufregung und Schrecken versetzte. Als zwei Tage später eine junge Frau bei der Feldarbeit bei Höfstetten ebenfalls attackiert und getötet wurde, erreichte diese Nachricht noch am selben

Tag den markgräflichen Hof, der eine erste Suche unter einem Oberjäger mithilfe einiger Männer aus der Bevölkerung einleitete. Erfolgreich verlief sie jedoch nicht. Das Tier bewegte sich Richtung Süden und verletzte weitere Personen, bis es am 1. August bei Neuses zwischen Bechhofen und Windsbach wieder auftauchte, wo ihm ein Anschlag auf ein weiteres Kind, einen Müllersburschen, misslang. Davor oder kurz danach hatte er außerdem eine Bäuerin bei Volkersdorf angegriffen, ist ihr *uff die brust gesprungen, worvon Sie gleich zu boden gefallen und von ihme in das dike fleisch deß beins gebissen, und alß Sie ihre Sichel in der handt behalten und stet wehrend umb sich gehauen, hätte sie ihn endlich ins rechte Ohr gehauen, daß er sehr geblutet*[103], worauf er von ihr abließ und fortan markiert war – später würde man ihn an dem gespaltenen Ohr identifizieren. Die Maßnahmen zur Verfolgung des Wolfes wurden verstärkt, die Amtmänner und Vögte der umliegenden Städte sammelten auf markgräflichen Geheiß zahlreiche Männer, die sie mit Waffen aller Art ausstatteten. Außerdem sprach man sich mit den Behörden der benachbarten Gebiete ab. Die Ergebnisse blieben deprimierend. Einem Bauer bei Bechhofen lief das Tier direkt vor die Heugabel, entzog sich aber unverletzt dessen Verfolgung. Geradezu grotesk verlief eine Aktion nach dem Überfall auf den Müllersjungen bei Neuses. Unter Mithilfe fast des gesamten Ortes und eines Soldaten versuchte man das Tier zu stellen, das in ein Wäldchen flüchtete. Als man den Soldaten mit *einem bey sich gehabten Rohr* – also einem Gewehr – *inn das Wäldlein hineingeschickt*[104], traf er dort nicht einen Wolf, sondern nur einen weißen Hasen an und selbst dieser ließ sich nicht erlegen, sondern verschwand. Anfang August tauchte der Wolf noch mehrfach auf, bevor er für einige Wochen völlig von der Bildfläche verschwand.

Umso eindrücklicher kehrte er am 23. September wieder. In Leidendorf nördlich von Weidenbach schlich das Tier auf ein Gehöft und drang sogar durch die Haustür ins Innere vor, wo sich spielende Kinder befanden. Die eben aus dem Dorf zurückkehrende Mutter verscheuchte den vermeintlichen fremden Hund, doch als der sechsjährige Sohn anschließend den Vater aus dem Wirtshaus holen ging, wurde er *nur wenige Meter vom heimischen Hof vom Wolf ergriffen und davongetragen*[105]. Die sofort eingeleitete, sich an den Schleifspuren orientierende und bis in die Nacht fortgesetzte Suche blieb erfolglos, erst am nächsten Morgen fand man in einem Wäldchen den sich eilig davonstehlenden Wolf, dann die wenigen Überreste des Jungen, unter anderem seinen von Bissspuren übersäten Kopf. Auf die Nachricht von diesem dritten Todesopfer hin verschärfte die Ansbacher Regierung ihre Maßnahmen ein weiteres Mal: Es wurde eine Abordnung markgräflicher Jäger zur Verstärkung der Suche beordert, zur zusätzlichen Motivation eine Belohnung von zwölf Talern ausgeschrieben. Zu Recht befürchtete man am Hof, eine eventuelle Verzögerung bis in die Wintermonate würde das Entkommen des Tieres und weitere Angriffe nur begünstigen.

Trotz des erhöhten Aufgebots an Suchenden schien der Wolf wiederum für die nächsten zwei Wochen vom Erdboden verschluckt. Erst am 9. Oktober wurde er erneut in Neuses bei Windsbach gesichtet, als er zwei kleine Kinder verfolgte, die sich rechtzeitig in ein Haus flüchten konnten. Die Dorfbewohner liefen zusammen und entdeckten das Tier, welches soeben einem davonflatternden Hahn hinterherjagte. Dadurch unaufmerksam, stürzte der Wolf in einen nur mit Zweigen abgedeckten Brunnen, der allerdings nicht tief sein konnte, denn

„Werwolf von Neuses“ – Zeitgenössisches Flugblatt. Der Tod des Wolfes im Brunnen.

obwohl ihn einige Männer schlugen, hat er *sehr brüllend oder heulend wieder heraufsteigen wollen, endlich mit sehr großen ja Centner schwehren Steinen zerworffen und umbgebracht worden*[106]. Der Wolf, der mindestens drei Kinder getötet und mehrere Menschen verletzt hatte, außerdem angeblich indirekt für den Tod zweier älterer Frauen verantwortlich war, die vor Schreck gestorben waren, hatte sich selbst in die Falle gelockt. Noch einmal reagierten die Ansbacher Behörden prompt. Von Windsbach aus wurde der Wolf in die Stadt an den Hof gebracht, *so dann ihme die Haut abgezogen, solche außgefüllet und in hiesige Kunst Cammer gethan, der Cörper alß ein Mensch angezogen, ihme eine Peruque auf den Kopf gesezt, eine Larve [eine Maske] mit einem formirten bart angemacht, und hernach vom scharpfrichter an einen deßwegen aufgerichteten Schnell Galgen auf hiesigen so genanten Nürnberger berg gehenket worden*[107], so der amtliche Abschlussbericht.

Dies sind die historisch fassbaren Ereignisse. Vom heutigen Standpunkt aus scheint kein Zusammenhang zwischen der Biografie des Michael Leicht und dem aggressiven Wolf zu bestehen, außer der zufälligen Tatsache der Nähe zur Heimatstadt des ehemaligen Bürgermeisters. Das seltsam anmutende Nachspiel, das Tier an einen Galgen zu hängen, nachdem man *ihm die Schnauze abgehauen und dafür ein Schönbart oder Larve angelegt, eine Perücke aufgesetzt und ein Rock von gewichster Leinwand angethan*[108] hatte, was den Ansbachern fortan den Spottnamen *Wolfshenker* einbrachte, deutet jedoch darauf hin, dass die Zeitgenossen schon während der Jagd eine für sie plausible Erklärung des unheimlichen Geschehens gefunden hatten. Eine zur Anbringung an den Galgen angefertigte Tafel referierte noch einmal in Versen die Vergehen des Wolfes und die Umstände seines Todes:

Ich wild und grimmigs Thier, ein Fresser vieler Kinder,
Ich liebte Sie vielmehr, alß alle fette Rinder,
Ein Haan, der bracht mich umb, der brunn der ward mein Grab,
Da warff man mich zu tod, daß ich mein leztes hab.[109]

Gerichtsverfahren gegen Tiere kamen im Mittelalter gelegentlich vor, doch befinden wir uns bereits am Ende des 17. Jahrhunderts. Es handelte es sich hier auch nicht um einen Prozess, sondern eher um eine Zurschaustellung des Übeltäters und des eigenen Erfolgs, das Unheil beseitigt zu haben, um die Bevölkerung zu beruhigen. Wölfe und vor allem Hunde am Galgen waren trotzdem kein ungewöhnlicher Anblick, diente doch das Mithängen eines solchen Tieres bei überführten Dieben *nicht als ein Symbol der Wolfsnatur des Gehängten, er ist auch nicht sein Gefährte, der Genosse, der ihm eigentlich zukommt, er ist der Gehängte selber, seine andere, seine Tiergestalt*[110]. Noch 1739 ordnete beispielsweise der preußische König Friedrich Wilhelm I. (1713–1740) an, dass aufwieglerische Advokaten, *ohne alle Gnade und Pardon, mit einem Hunde an der Seiten, aufgehangen werden sollen*[111].

Selbst wenn diese den Hingerichteten zusätzlich demütigende Praxis also noch gelegentlich vorkam, lagen in Ansbach völlig andere Gründe vor, schließlich hing dort nicht nur ein Wolf, sondern ein mit Perücke, Maske und vornehmer Kleidung ausgestattetes Tier. Eines der sofort nach Ablauf der Ereignisse in Umlauf gebrachten Flugblätter erweiterte den Galgensinnspruch zu einem ausführlicheren Gedicht, das Hinweise auf den eigentlichen Zweck der kuriosen Maskerade gab:

Ich Wolf / ein grimmigs Thier / ein Fresser vieler Kinder /
Die ich weit mehr geacht / als fette Schaf und Rinder /
Ein Hahn der bracht mich um / ein Bronnen / war mein Tod /
Nun häng am Galgen ich / zu aller Leuthe Spott.
Als Geist und Wolff zugleich / thät ich die Menschen plagen /
Wie recht geschiehet mir / daß jetzt die Leute sagen:
Sa! du verfluchter Geist / bist in den Wolf gefahren /
Hängst nun am Galgen hier / geziert mit Menschen-Haaren /
Dis ist der rechte Lohn / und wohl verdiente Gab /
So du verdienet hast / der Galgen ist dein Grab /
Hab dieses Trankgeld dir / weil du fraßt Menschen-Kinder /
Wie ein wut-grimmigs Thier / und rechter Menschen-Schinder /
Nun musst am Galgen du / stets hängen / für und für /
Zu aller Leuthe Spott / und aller Schinder Zier.[112]

Für die Leser war diese Botschaft auch ohne konkrete Nennungen dank ihrer Zweideutigkeiten – *rechter Menschen-Schinder* – ohnehin problemlos zu entschlüsseln, doch gaben weitere Verse zur religiösen Ermahnung am Ende des Textes noch eindeutiger Auskunft: *Geitz / Wucher / Eigennutz / Untreu in Amteswegen / Bringt wahrlich schlechten Lohn / und mehrer*

Fluch / als Segen[113]. Gleichwohl verfuhr der Verfasser ähnlich wie die Behörden: Er nannte den Namen Michael Leichts nicht. Das war angesichts des allgemeinen Einverständnisses darüber, dass niemand anderes als der betrügerische Bürgermeister hinter den Anschlägen des Wolfes steckte, auch nicht notwendig.

Dass auch die Ansbacher Führung hiervon ausging, ohne es deutlich auszusprechen, zeigt einerseits die Aufstellung des Galgens mit dem menschlich verkleideten Wolf direkt nach dessen Tötung, was schließlich auf offizielles Geheiß durch den örtlichen Henker geschah, wie auch ein indirekter Hinweis aus der Zeit, als man das Tier noch jagte. Die berichtete, fast komisch anmutende Episode mit dem verfehlten weißen Hasen stand nicht nur in einem Rapport einer Amtsperson, dem zuständigen Windsbacher Amtmann, sondern die an und für sich ja insbesondere für den Schützen peinliche Episode, von der es naheläge, sie in einem Bericht an höhere Stellen besser zu übergehen, unterstreicht, dass man bereits zu diesem Zeitpunkt davon ausging, es nicht mit natürlichen Vorgängen zu tun zu haben. Der uns harmlos erscheinende Hase, noch dazu in der außergewöhnlichen Farbgebung, galt früher als Gefährte des Teufels und *der Hexen, die häufig auch seine Gestalt angenommen haben sollen*. Gegen den Unglücksbringer half unter anderem *den Hasen* schlicht zu *erschießen*[114] – es war also von schlechter Vorbedeutung und gleichzeitig ein Beweis für die übernatürliche Herkunft des Tieres, dass ihn der Schütze trotz der geringen Entfernung nicht erlegen konnte. Die Hasengestalt war natürlich nur eine Ausnahme, Michael Leichts neue Form war die des Wolfes, so die in Ansbach offenbar unstrittige Meinung. Als der Gelehrte Theophil Lauben kurz nach den Ereignissen auf der Reise von Frankfurt nach Augsburg in einem Gasthaus auf würzburgischem Gebiet Halt machte, unterhielten sich *etliche des Ortes Einwohner an einem nah anstossenden Tische* darüber, wie *in ihrer Nachbarschafft, dem Hochfürstl Onotlzbachischen Gebiethe ein grosser und starcker Wolff vergangnen Sommer viel Böses gestiftet*[115]. Lauben nahm dies zum Anlass, im folgenden Jahr eine ausführliche Erörterung des Themas mit dem Titel *Dialogi und Gespräch von der LYCANTHROPIA oder der Menschen in Wölff-Verwandlung* zu schreiben, in deren Vorrede er die Geschehnisse noch einmal berichtete, wie er sie in der Wirtschaft gehört hatte. Er befand sich in guter Gesellschaft, denn unter den Gelehrten des 17. Jahrhunderts hatte diese Diskussion enorme Konjunktur, wie zahlreiche Veröffentlichungen gleicher Art belegen, die sowohl gegen als auch für die Möglichkeit der Umwandlung von Menschen in Tiere, bevorzugt Wölfe, Position bezogen[116].

Viel weiter als zu Beginn der Frühen Neuzeit war man folglich noch nicht, auch wenn sich die Umstände deutlich verändert hatten. Schon der *Hexenhammer (Malleus Maleficarum)* hatte in gewundener Form diese seit der Antike und insbesondere dem Hochmittelalter heiß diskutierte – und von der Kirche offiziell abgelehnte – Frage wieder aufgegriffen, *was von den Wölfen zu halten, die bisweilen Erwachsene, auch Kinder aus der Wiege rauben und fressen? Ob es auch durch Hexen und Gaukelkunst geschehe?*[117] Wenig verwunderlich, dass dieses *Handbuch bezüglich der Hexerei, in dem […] die Theorie bezüglich der Hexengefahr mit praktischen Anweisungen für die Richter*[118] verbunden wurde, seit seinem Erscheinen 1486 zu Beginn der Neuzeit das Denken über Werwölfe maßgeblich mitveränderte. Fortan waren Werwölfe direkt mit dem Wirken des Teufels verknüpft, in den seit Mitte des 16. Jahrhunderts verstärkt aufkommenden Hexenprozessen wurden in manchen Regionen besonders männliche Verdächtige immer wieder mit dem Vorwurf konfrontiert, durch einen Bündnis mit dem bösen Versucher zum Werwolf geworden zu sein. Besonders in hessischen und rheinischen Gebieten kam es zu Hinrichtungen vermeintlicher Menschenwölfe, am bekanntesten wurde Peter Stump aus Bedburg in der Nähe von Köln (hingerichtet 1589), der zu europäischer Berühmtheit gelangte[119]. In Franken, sonst ein Kerngebiet der Hexenverfolgung, traten solche Anschuldigungen jedoch so gut wie nicht auf. Und insbesondere das Gebiet der Markgrafschaft Ansbach zeigte sich ab Ende des 16. Jahrhunderts insgesamt immun gegen diese Hysterie. Bis auf vereinzelte Ausnahmen[120] fanden keine Prozesse mehr statt, obwohl die von Bamberg 1516 übernommene *Brandenburgische Halsgerichtsordnung* verfügte, *item so yemant den lewtten durch Zauberey schaden oder nachteyl zufueget / sol man straffen vom leben zu tode vnd man sol solliche straff gleych der ketzerey mit dem feuer thun*[121].

Dies bedeutete natürlich nur, dass man den Ansbacher Wolf nicht mit einem Teufelspakt Michael Leichts in Verbindung brachte. Dies war genau genommen auch gar nicht möglich, denn *durch den Tod wird der Zauber unter allen Umständen gebrochen*[122], schließlich hätten sonst die Hexenrichter keinerlei Chance besessen, Werwölfe überhaupt zu bekämpfen. Leicht war nach Sicht der Dinge kein Teufelsbündler, damit auch kein Ketzer, sondern eindeutig ein Wiedergänger, eine unerlöste Seele. Ungewöhnlich war, einen Werwolf auf diese Weise zu erklären. Der Ansbacher Fall stellt dahingehend ein Kuriosum dar, wie immer wieder festgehalten wurde: *Der Werwolf ist hier nicht ein verwandelter lebender Mensch, sondern ein dem Grabe in Wolfsgestalt entstiegener Leichnam*[123]. Zahlreiche klassische Merkmale gingen durch diese Konstellation verloren. Selbst die Unterscheidung zwischen einem Lykanthropen – einem Menschen, der sich für einen Wolf hält, eine seit der Antike bekannte psychische Krankheit – und einem „echten" Werwolf, also einem Tier, das menschliche Züge trägt, war hier nur noch bedingt gegeben, da nach üblicher Theorie so ein wildgewordenes Tier von außen gesteuert wurde, sei es durch einen Hexereikundigen oder den Teufel selbst[124]. Michael Leicht aber *war* der Wolf.

Hierfür fand sich bald eine für damalige Verhältnisse sehr plausible Erklärung. Noch am 6. April, dem Tag seiner Beerdigung, war Michael Leicht wieder aufgetaucht: *Noch während der Sarg aus dem Hause getragen wird, wollen einige der Trauergäste gesehen haben, wie der Verstorbene vom Dachfenster des Hauses seinem eigenen Leichenbegängnis zusah*[125]. Die unerlöste Seele Leichts ging folglich erst in einer menschlichen Gestalt umher, bevor er in einen Wolf verwandelt wurde – und zwar durch einen *Schlotfeger, welcher diesen unsaubern Gast, oder Teufel, hinaus uff das Feld, durch seine Beschwörung brachte, und auf diese Weise das Haus wol reinigte, auff der Straßen aber nur destomehr Ungelegenheit dadurch verursachte, indem er selben in einem Wolff zu fahren erlaubte*[126]. Die Parallelen zum Markt Bibarter Fall werden überdeutlich. Doch während der würzburgische Amtskeller nach seiner Bannung passiv und harmlos agierte, wurde der ansbachische Bürgermeister sogar aggressiver als noch zu Lebzeiten.

Für den heutigen Interpreten der Ereignisse im Sommer und Herbst 1685, die unzweifelhaft stattfanden, klingen solche „magischen" Rückschlüsse naturgemäß nach reinem Aberglauben. Tatsächlich ist der Fall jedoch keineswegs so eindeutig erklärbar. *Weil er stets nur Menschen, nie aber Tiere anfiel, hatte sein in der Tat ungewöhnliches Verhalten die Menschen derart in Furcht und Schrecken versetzt*[127]. Ganz richtig ist dies nicht, schließlich wurde die Jagd nach einem Hahn dem Tier zum Verhängnis, auch vorher hatte er unter anderem einen Hund angegriffen und verschleppt. Gleichwohl ist die Konzentration auf Kinder und Frauen auffällig. Zwar ist sie teilweise durch deren schwächere Konstitution und ihre Aufenthaltsorte erklärbar, nämlich zumeist allein außerhalb der Ortschaften bei der Feldarbeit, andererseits fiel der Wolf auch Hütejungen an, die ja Tiere beaufsichtigten, die an und für sich leichtere Beute waren. Dies erweckt gewichtige Zweifel, ob es sich wirklich um einen Wolf gehandelt hat. Es ist kein *sicher belegter Fall eines Angriffs wildlebender, gesunder Wölfe auf Menschen mit tödlichem Ausgang*[128] belegt, auch nicht zu Zeiten, als sich deren Lebensräume mit denen des Menschen durch die Ausbreitung seit dem Mittelalter immer mehr überschnitten. Im dicht besiedelten Reich mit seinen vielen Weilern und Dörfern rückten Mensch und Wolf zwar immer näher zusammen, doch führte dies lediglich zu gelegentlichen Attacken der Tiere auf Herden, bevorzugt in Zeiten schlechter klimatischer Verhältnisse mit wenigen Wildtieren. Ansonsten sah – und sieht – der Wolf den Menschen als seinen Feind, den es unter allen Umständen zu meiden gilt. *Basically, says [Rolf] Peterson, it's wolf sees people, wolf runs*[129], sich freiwillig in deren Nähe zu begeben, verstieße gegen dessen tiefste Instinkte. Was also ging damals zwischen Windsbach, Ansbach und Triesdorf um?

Die durchaus respektablen Strecken, die das Tier oft binnen kürzester Zeit zurücklegte, passen tatsächlich gut zum Verhalten der Wölfe, auch das teils geschickte Ausweichen, denn diese Tiere besitzen eine hohe Intelligenz. Dies gilt jedoch gleichermaßen für verwilderte Hunde, die selbst in unseren Tagen oft als eigentliche Täter bei Überfällen auf Menschen, aber auch Tiere ausgemacht werden. In Amerika und Kanada kommt eine besondere Variante hinzu, die auch für Franken im 17. Jahrhundert gegeben war: Mischlinge. Diese teils aus illegalen Zuchten, teils durch streunende Hunde entstandenen Tiere sind sehr aggressiv, da bei der Kombination der Tiere das „wilde" Verhalten des Wolfes größtenteils erhalten bleibt, seine natürliche Scheu vor den Menschen, die Hunde nicht besitzen, dagegen gemindert wird.[130] Für den Laien sind solche Hybride von echten Wölfen kaum zu unterscheiden. Vertraut man auf das Urteil der Zeitgenossen – unter denen sich ja auch zahlreiche Jäger und Forstbeamte befanden – ergäbe sich eine weitere, sehr glaubhafte Möglichkeit: ein tollwütiger Wolf. Dies sind die einzigen Exemplare der Gattung, die nachgewiesenermaßen verantwortlich waren für Angriffe auf Menschen[131]. Leider geben uns die Beschreibungen aus den Dokumenten nur sehr wenig Auskunft über das Aussehen des Tieres – *zaundürr* und *groß* sind die einzigen Charakteristika – und schildern ansonsten das Verhalten nur in wertenden Adjektiven von *ungewöhnlich grimmig* über *grausam* bis *schädlich*[132].

Wer sich nun damit tröstet, dass all dies lange zurückliege, Wölfe in Franken vor langer Zeit ausgerottet wurden und Werwölfe ohnehin nie existiert haben, dem sei zur Vorsicht geraten. Erste Wolfssichtungen im Fichtelgebirge sind wissenschaftlich bestätigt, in den USA ist unter anderem die Journalistin Linda S. Godfrey seit Jahren damit beschäftigt, aktuelle Begegnungen mit Werwölfen und Wolfsmenschen zu sammeln und zu veröffentlichen und auch in

„Begegnung im Haus (Werwolf von Neuses)“ – Zeitgenössisches Flugblatt.

Deutschland ging 1988 das „Monster von Morbach“ um, ein gut dokumentierter Fall aus dem Hunsrück[133]. Selbst Ansbach bleibt ein gefährlicher Ort. Ein Traditionsstrang in der Überlieferung, der ebenfalls kurz nach den Ereignissen entstanden sein muss, weiß nämlich zu berichten, dass der mit dem *Leichentuch des verstorbenen Kastenpflegers*[134] bekleidete, *einmal wirklich und einmal symbolisch getötete Wolf nun seinerseits in seiner früheren Wohnung umgehe wie ein Wiedergänger*[135].

4.

Verfluchter Hunger nach Gold: Christian Wilhelm von Krohnemann (1639–1686)

„Obrister Galgen Commendant, Münz und Silber Bescheißer."

Als Markgraf Christian Ernst 1655 zum Nachfolger seines Großvaters Christian von Brandenburg-Bayreuth bestimmt wurde, wobei er aufgrund seines Alters – er war Jahrgang 1644 – noch bis 1662 warten musste, bis er die Regierung ohne Vormund selbst antreten durfte, übernahm er ein Land, das sich nur langsam von den Auswirkungen des Dreißigjährigen Krieges erholte. Dieser, erst 1648 mit dem Westfälischen Frieden beendet, hatte gerade in Franken verheerend gewirkt, die ansonsten so günstige Lage inmitten des Reiches hatte für ständige Truppendurchzüge von Ost nach West, Nord nach Süd und umgekehrt gesorgt, aber auch für das Aufeinandertreffen der Gegner in blutigen Schlachten. Betroffen waren jedoch nicht nur die Soldaten, sondern vor allem die Zivilbevölkerung, die zur Versorgung der Söldnertruppen ausgeplündert wurde – egal, ob es sich hierbei um verbündetes oder verfeindetes Gebiet handelte. Hinzu kamen Pestepidemien und in einigen Territorien eine zusätzliche Atmosphäre der Angst durch gleichzeitig stattfindende Hexenprozesse. Alles in allem kann es kaum verwundern, dass die in teils zerstörten, aber überwiegend entvölkerten Dörfern und Städten lebenden Menschen Auswege aus ihrem tristen Alltag suchten. *Unter den Einwohnern herrschte ein rauhes, wildes Wesen. Die meisten, welche jetzt mannbar waren, waren unter den heftigsten Kriegsunruhen aufgewachsen ohne allen Unterricht und ohne anderes Beispiel, als dasjenige war, was ein rohes, sittenloses Soldatenleben sie sehen ließ.* Eine Folge hiervon: *Man schämte sich nicht, zu Crystallsehern, Wahrsagern, Planetenlesern zu laufen, in der Absicht, um von diesen Betrügern, sein zukünftiges Schicksal zu erfahren, gesund zu werden, einen Dieb zu entdecken u. Ä. Man glaubte an Liebestränke, an die Kunst, sich fest zu machen gegen Schuß und Hieb*[136]. Zwar war diese Kritik nicht verkehrt, doch der allgemeine Aber- und Wunderglauben war keineswegs das Privileg einer verunsicherten Landbevölkerung. Wie die folgenden Ereignisse zeigen werden, waren die gebildeten Herrschaften am Hofe alles andere als gegen solche Versuchungen gefeit.

Doch wurde es ihnen, so viel sei vorweg eingeräumt, auch nicht leicht gemacht zwischen Scharlatanerie und Seriosität zu unterscheiden. Gut fünfzig Jahre vor Christian Ernsts Amtsantritt war Herzog Johann Casimir von Sachsen-Coburg, seit 1596 Alleinherrscher über dieses Gebiet, ein brillanter Coup gelungen: Für sein großes Prestige-Objekt, das Academium Casimirianum, hatte er der Reichstadt Rothenburg ob der Tauber den berühmten Lehrer Andreas Libavius abgeworben, einen gebürtigen Hallenser von umfassender Bildung. Der Coburger

Herzog lockte ihn, der schon früher an Universitäten gelehrt hatte, mit der Aussicht, als Rektor hier seine eigene Akademie mitaufzubauen, die einer Hochschule ihn nichts nachstand. Von 1606 bis zu seinem Tod 1616 leitete Libavius das Casimirianum. Er legte Grundlagen für die moderne Chemie, ohne dabei alle Prinzipien der Alchemie aufzugeben.

Das Bekenntnis eines angesehenen Gelehrten wie Libavius, dessen zahlreiche Verdienste ebenso unbestritten wie allgemein bekannt waren, zu den wichtigsten Forschungsinhalten der Alchemie verlieh zahlreichen anderen Alchimisten weiterhin Autorität. Der Suche nach dem Stein der Weisen, der sogenannten Metalltransmutation, also der stufenweisen Aufwertung bestimmter Stoffe, und nach Heilmitteln sowohl für den akuten Gebrauch als auch zum Zweck der Lebensverlängerung gaben sich auch zahlreiche Personen hin, die weder die wissenschaftlichen Ambitionen noch die edlen Motive des Coburger Rektors teilten.

Dabei konnte der im Mai 1639 geborene Christian Wilhelm von Krohnemann durchaus auf eine sogar sehr frühe Universitätskarriere zurückblicken. Aus Königsburg nahe der alten Hansestadt Dorpat – heute Tartu – stammend, konnte der junge Baron schon mit nicht einmal vierzehn Jahren die Vorgängerin der heute noch sehr berühmten Universität besuchen, bevor er seine Studien der protestantischen Theologie, der Medizin, aber auch der Rechte an anderen Hochschulen vor allem in schwedisch regierten Ländern fortsetzte. Diese skandinavische Vorliebe des Balten kam nicht von ungefähr – zumindest wenn man seinen schwer überprüfbaren eigenen Angaben trauen darf. Sein Vater war angeblich der schwedische General Johann Christoph von Krohnemann, der erst unter Gustav Adolf, dann unter dessen Tochter Christina von Schweden gedient haben soll. Auch die Mutter Magdalena, geborene von Flemming, stamme aus einer berühmten schwedischen Soldatenfamilie. Tatsächlich stand das nördliche Baltikum, darunter auch die Region um Dorpat, bis Anfang des 18. Jahrhunderts unter schwedischer Herrschaft.

Diese Herkunft legte trotz des umfangreichen, aber wenig systematisch und mit noch weniger echtem Engagement betriebenen Studiums eine Karriere im militärischen Bereich nahe. Und so folgte dieser den angedeuteten Bahnen und begab sich in fremden Waffendienst, als dem ältesten Bruder die heimischen Güter zufielen. Sonderlich wählerisch war er hierbei nicht, was jedoch für die damalige Zeit nicht unbedingt ungewöhnlich war. Er diente den Venezianern in deren Marine, später im Niederländisch-Französischen Krieg dem Bischof von Münster, wobei er behauptete, nach einer Verwundung durch die Franzosen in Gefangenschaft geraten zu sein. Dies ist eine für Krohnemann typische Erzählung, denn der Fürstbischof von Münster stand aufseiten Frankreichs, Krohnemann hätte also zwischenzeitlich die Fronten wechseln müssen. Unmöglich ist dies naturgemäß nicht, es wirft aber ein bezeichnendes Licht auf den Baron, der entweder je nach Laune die Loyalitäten aufgab oder die Ausschmückung seiner Biografie nicht richtig im Griff hatte. Eine zusätzliche Pointe gewinnt dieser Einsatz in Holland durch die Tatsache, dass in der Koalition der Gegner des französischen Sonnenkönigs Ludwig XIV. ein junger fränkischer Fürst immer höhere militärische Titel im Dienste des Kaisers errang: Markgraf Christian Ernst, *Jahr für Jahr brach er nach dem Winter auf ins Feld*[137]. Krohnemann und sein späterer Landesherr und Auftraggeber waren zu dieser Zeit also Gegner, Verbündete – oder beides.

Angekommen in Wien, verstand sich Krohnemann um diese Zeit bereits als Adept, als Eingeweihten in die hohe und geheime Kunst der Alchemie. Die alchemistische Lehre, zusammengesetzt aus altorientalischen, ägyptischen und antiken Ursprüngen, ist insbesondere durch die arabische Vermittlung im Hochmittelalter nach Europa gekommen, wo sie sich unter den Gelehrten bald großer Beliebtheit erfreute. Allerdings teilte sie sich bald in ernsthafte Vertreter, die sowohl den sehr komplexen metaphysischen Überbau als auch eine gewisse Wissenschaftlichkeit berücksichtigten, und schlichte Betrüger, Goldmacher und Quacksalber. *Alchemie ist nicht mit Zauberei zu verwechseln. Sie beschwört keine Dämonen oder versucht sich nicht daran, Geister ihrem Willen untertan zu machen. Das wird von den Alchemisten selbst unmissverständlich betont*[138]. Die Aufspaltung in seriöse Alchemisten, die immer mehr zu Naturwissenschaftlern wurden, und betrügerischen Trittbrettfahrern nahm stetig zu, die sehr kurzfristig spektakuläre Erfolge aufzuweisen hatten. *Vieles schadete der Alchemie, dass sich immer mehr die ausgezeichneten Chemiker von ihr lossagten*[139], noch mehr dürften ihr jedoch Personen vom Schlag eines Krohnemann den endgültigen Ausschluss aus dem Kreis der offiziell anerkannten Forschung gebracht haben. Als 1793 der Aufklärer Johann Christian Wiegleb, selbst Chemiker, seine Schrift *Historisch-Kritische Untersuchung der Alchemie oder der eingebildeten Goldmacherkunst; von ihrem Ursprunge als auch Fortgange, und was von ihr zu halten sey*[140] veröffentlichte, beantwortete er auf über 400 Seiten diese Frage kurzerhand mit: nichts.

Bis dahin war es jedoch noch weit und Krohnemann konnte sich auf ein aufnahmebereites Publikum für seine Kunst verlassen. Zweifel an seinen Fähigkeiten tauchten vorerst nicht auf, im Gegenteil, es floss durch den Verkauf des Heiltranks, des alchemistischen *Aurum potabile oder Trinkgold*[141], und die Anleitung zur Herstellung des Steins der Weisen vor allem Geld in die Taschen Krohnemanns. Beeindruckt zeigte sich der Kaiser höchstpersönlich, der den berühmten Baron zu einer Audienz bat. Inhalt und vor allem Ausgang des Gesprächs sind ein Rätsel in typisch Krohnemann'scher Manier. Nun kann man sich getrost fragen, ob der Wiener Hof und Hochadel nicht beileibe andere Sorgen hatten angesichts der sich buchstäblich bereits am Horizont abzeichnenden kriegsbereiten Türken. Doch waren es gerade solche Krisen, welche die allgemeine Sehnsucht nach Wundermitteln zusätzlich erhöhten. Leopold I. (1658–1705) lauschte also einem langen Redeschwall des Barons, der seinen gewohnten Charme spielen ließ, und bot diesem sichtlich angetan eine enorme Summe, Titel, Ländereien und eine Stelle bei Hofe, sofern *ihr uns diese Stücke recht* candide *offenbaren wollet.*[142] Doch Krohnemann ging auf das großzügige Angebot nicht ein. Angesichts seines Verhaltens nur kurz darauf in Franken kann über diese Ablehnung des sonst so wenig bescheidenen und alle hohen Stellungen mitnehmenden Barons nur spekuliert werden. Am plausibelsten ist, dass seine Skrupel von der Tatsache herrührten, dass in der Universitäts- und kaiserlichen Residenzstadt einerseits zu viele gelehrte Skeptiker, andererseits zahlreiche berufsmäßige Neider und Intriganten vorhanden waren, die ihm recht schnell gefährlich werden konnten. Profanere Motive, nämlich persönliche Streitereien, sowie die Angst, die Entdeckung der Unwirksamkeit seiner Medizin könnte zu zahlreichen Geldrückforderungen führen, mögen die Entscheidung beschleunigt haben, Wien zu verlassen.

Vielleicht hatte ihn das verführerische Angebot des Kaisers auf die Idee gebracht, es nun bei einem kleineren Fürsten zu versuchen, doch wählte er nicht den Fürstbischof von Bamberg, in dessen zweiter Hauptstadt Forchheim er sich befand, sondern Markgraf Christian Ernst in Bayreuth, um diesem in einem Schreiben vom 3. Juli 1677 seine alchemistischen Fähigkeiten anzupreisen. Die Antwort fiel unerwartet kühl aus, doch reizte dies offenkundig den Ehrgeiz Krohnemanns umso mehr. Er versuchte es geschickt auf einem Umweg und stellte Kontakt her zu Dr. Caspar von Lilien auf Waizendorf, *General-Superintendent, Oberhofprediger und erster Beysitzer des Consistoriums*[143]. Dieser hochgebildete Theologe war ergo nicht nur der oberste protestantische markgräfliche Geistliche, außerdem eine Art Minister und Berater, sondern vor allem ein alter Freund des Fürsten und persönlich geschätzter Ratgeber. Für den Werdegang Krohnemanns wurde er eine entscheidende Figur.

Es mag erstaunen, dass gerade ein Mann der Kirche so wenig Skepsis gegenüber einem Alchimisten aufwies, insbesondere im 17. Jahrhundert, wo zwar die Hexenprozesse in Franken ihren Höhepunkt nach dem Dreißigjährigen Krieg bereits überschritten hatten, aber der Glaube an die schwarze Magie noch lange nicht überwunden war. Doch wurde bereits erwähnt, dass die Alchemie keineswegs als Zauberei oder gar Ketzerei verstanden wurde – ihr Rang als vermeintliche Wissenschaft schützte sie trotz ihrer heidnischen Bestandteile und ihres teils nur oberflächlichen christlichen Überbaus offenkundig vor strenger Verfolgung, auch hatte sie keinen nennenswerten Einfluss beim Volk selbst. Papst Johannes XXII. (1316–1334) hatte einst in einer Bulle 1317 zwar *alchemistische Operationen als widernatürlich*[144] verurteilt und mit strengen Strafen gedroht, damit aber nicht einmal seine eigenen Zeitgenossen sonderlich beeindruckt. Während die Stadt Nürnberg 1493 gegen die Alchimisten vorging, war vor nicht allzu langer Zeit die Regierungszeit des Kulmbacher Markgrafen Johann (1440–1457) zu Ende gegangen. Der *Förderer der Alchymie*[145] erhielt deswegen auch den Beinamen „der Alchimist". Dass Bayreuth noch Jahrhunderte später ein gutes Pflaster für den Verkauf obskurer Wundermittel war, bezeugt die Ankündigung des Stadtmedikus' Gottfried Stein, der warnte, weil gerüchtehalber *in Österreich bereits die Pest grassiere, da sei es an der Zeit vorzubeugen. Sein Balsam für die Reichen kostete 12 Kreuzer, der Balsam für die Armen 6 Kreuzer das Quentchen*[146]. Dieser kühl agierende Werbestratege war bereits ein direkter Konkurrent Krohnemanns – zumindest was Heilmittel anging – stammt doch sein Aufruf aus dem Jahr 1679, als beide sich in Bayreuth aufhielten.

Vor diesem Hintergrund soll es zurückgehen zu dem noch in Forchheim abwartenden Baron und seinem zukünftigen Förderer von Lilien und der Frage, warum gerade dieser sich so offen gegenüber dem Werben des Alchimisten zeigte. Krohnemann ließ, kaum in Bayreuth angekommen, bei einem örtlichen Gold- und Silberschmied etwas Gold zu einigen Klümpchen zusammenschmelzen, die er als Beweisstück für seine gelungenen Experimente dem Pastor vorwies. Obwohl dieser endgültig gewonnen war, wurde Krohnemann Opfer eines für seine Verhältnisse ungeschickten Vorgehens – der Goldschmied wies bei Hofe auf den Betrug hin; wem er nun glauben sollte, war dem Markgrafen unklar. Dadurch aber gewann der Baron seine Sicherheit offenkundig zurück: Er drohte damit, in die Niederlande weiterzuziehen, wo er sehnsüchtig erwartet würde. Auf Drängen von Liliens machte man dem Reisewilligen nun

Der Schöne Hof der Plassenburg über Kulmbach.

ein Angebot, dass er nicht ausschlug. Im Gegenzug für *dessen Wissenschaft in Geheim zu halten, auch was Seiner hochfürstlichen Durchlaucht davon zu wissen vonnöthen, dero allein in Ihrem Hause zu eröffnen*[147], bot man ihm einen Ministerposten, dem bald weitere Titel und Ämter folgten. Krohnemann hatte sein Ziel erreicht.

Krohnemann sammelte Posten, hielt selbst gewissermaßen Hof und war ein eifriger Gastgeber fröhlicher Runden, gleichwohl blieb er stets umstritten. Seine zeitweilige Macht beruhte auf der maßgeblichen Unterstützung von Liliens und insbesondere der Markgräfin Sophie Luise[148]. Christian Ernst selbst war in seinem Verhalten äußerst schwankend. Latent ungeduldig, wenn Krohnemanns Versprechungen zu lange auf sich warten ließen und dann anfällig für Einflüsterungen der Gegner des Barons, ließ er sich oft recht schnell zurück auf dessen Seite ziehen, sobald dieser vermeintliche Erfolge aufweisen konnte oder er den Markgrafen bei seiner Schwachstelle packte, einer ausgeprägten Eitelkeit[149]. Dieser legte ihm nun ein Laboratorium in Frauenaurach bei Erlangen[150] an, aufgrund der komplexen Ausstattung und der Beschaffung der Materialien ein ziemlich teures Unterfangen, aber eine Investition in die

Zukunft. Man riet dem offenbar noch immer leicht misstrauischen Markgrafen, Krohnemann mit einem Posten zu betrauen, der vordergründig sehr ehrenvoll war, aber gewisse Tücken aufwies: Er solle Festungskommandant der Plassenburg werden, des wichtigsten Bollwerkes der oberen Markgrafschaft. Der Baron war nicht dumm genug, dieses Angebot anzunehmen, das ihn unter die strenge Kuratel des Militärs und seiner Gerichtsbarkeit gestellt hätte. Er drohte vor den Augen von Liliens mit seinem Abzug und brachte mit dessen Hilfe seine Kritiker ein weiteres Mal zum Verstummen.

Gleichwohl wusste er, dass er den ungeduldigen Markgrafen nur durch Erfolge auf längere Sicht beruhigen konnte. Diese wollten sich nicht einstellen, weshalb Krohnemann einer raffinierten Idee verfiel, um sich Christian Ernst gewogen zu halten. Bereits vor das Ultimatum gestellt, bis Ende 1677 Vorzeigbares zu präsentieren, fertigte der Baron eine Gedenkmünze auf Christian Ernst an, die er angeblich aus den ersten gelungenen Experimenten geformt hatte. Das aufwendig gestaltete Stück erreichte seinen doppelten Zweck: Es lieferte den scheinbaren Beweis für Krohnemanns alchimistische Kunst, schmeichelte jedoch vor allem der Eigenliebe Christian Ernsts. Im Laufe der Jahre bis 1681 nutzte der Baron dieses bewährte Mittel noch weitere sechs Mal, gelegentlich widmete er es auch der Markgräfin. Die Münzen, heute Sammlerstücke enormen Wertes, waren geziert mit üblichen Lobhuldigungen, aber vor allem alchimistischer Symbolik[151]. Die allgemeine Begeisterung über dieses Bravourstück ließ Krohnemann im Überschwang Anfang 1678 verkünden, bis *Michaelis* – zum 29. September – *dieses Jahres so viel reines Gold verfertiget zu haben, daß davon die im gelehnten 10,000 Thaler bezahlt und das Schloss zu Baiersdorf wieder erbaut werden könnte*[152]. Solche großspurigen Versprechungen waren angesichts der nicht immer vorhandenen Langmut des Markgrafen, die auf die Dauer nicht durch gelegentliche Münzen besänftigt werden konnte, ein zwiespältiges Vorgehen, doch der Baron hatte buchstäblich noch ein sehr heißes Eisen im Feuer.

Er lud in sein inzwischen nach Bayreuth verlegtes Laboratorium die hohen Herrschaften und den Hofadel ein, ihm bei einer Metalltransmutation persönlich beizuwohnen. Vor aller Augen schüttete der Baron *eine Vermischung aus Quecksilber, Essig, Grünspan und Salz zusammen, nimmt aus einem Schächtelein ein weißes Pulver hervor, streuet es hinein, und nimmt hierauf aus dem Gefäß das schönste Gold hervor*[153]. Damit waren vorerst alle Zweifel beseitigt. Niemand, der Kritik an Krohnemann üben wollte, stieß beim Markgrafen mehr auf Gehör, der seinem erfolgreichen Hofalchimisten Posten auf Posten verschaffte und ihn sogar zum Paten des Thronfolgers Georg Wilhelm machte. Der so hoch Aufgestiegene unterließ es nicht, fortan geflissentlich alle seine schönen Titel anzuführen, *Herr zu Rothenstein und Fichtenburg, Erbherr zu Kranichenfeld und Großenhahn, Ritter vom Orden des güldenen Kleeblatts, und Oberster Hochfürstlich-Brandenburgisch-Culmbachischer Oberpräsident, Geheimer Rath, General-Commandant, Kammerherr, auch Münz- und Bergwerk-Direktor*[154]. *So prangte es auch auf den Schriften des Barons, die angefüllt sind mit den kriechendsten Schmeicheleien und welche strotzen von Ungeschmack und Schwulst*[155], wie ein ungnädiger Kritiker bemerkte; Werke wie *Unterthänigste Ehr-Pflicht und Wuntsch-Abstattung, Dem Herrn Christian Ernsten, Marggrafen zu Brandenburg, zu Magdeburg, in Preußen,*

Statt Kommandant der Festung zu werden, landete der Baron dort hinter Gittern.

Stettin, Pommern Meinem gnädigsten Fürsten und Herrn, an Deßen, Gott Lob, glücklich erlebten Hoch-Geburts-Tage, nemlich den 27. Julii, dieses 1679. Jahrs höchst-schuldigst und demüthigst vorgeleget und geleistet usw.[156]

Doch all die Gedenkmünzen, ehrerbietigen Glückwunschschriften und selbst die zwischenzeitliche Zusendung einer weiteren kleinen Menge an Gold aus Experimenten ließen den großen Effekt der Bayreuther Inszenierung langsam verblassen, nachdem über lange Zeiträume doch recht wenig geschehen war außer der Bitte um weitere finanzielle Unterstützung. Zwar bot er Laborbesuchern weiterhin gern Proben seines Könnens an, doch die großen Mengen trafen nicht ein, die er dem wieder ungeduldiger werdenden Markgrafen stets zu neuen Terminen versprochen hatte. Während er offiziell auf allerlei Missgeschicke verwies, bereitete er unter der Hand seine Abreise vor, da er sich auch der Unterstützung seiner Gönner am Hofe unter der Führung von Liliens nicht mehr sicher war. Mit seiner Vermutung hatte er nicht Unrecht, selbst seine treuesten Anhänger wussten nur noch wenig zu seiner Verteidigung vorzubringen und so wurde Krohnemann, nachdem ein weiterer ultimativer Termin verstrichen war, im Dezember 1681 festgenommen und auf die Landesfestung Plassenburg nach Kulmbach gebracht.

Obwohl prominent, musste sich der gestürzte Baron mit einer seinem Stande gänzlich unzumutbaren Unterbringung begnügen. Seine Beschwerden über seine auf Anordnung des Markgrafen besonders strenge Kerkerhaft *in diesem sehr unsaubern und übeln Zimmer*[157], wo ihm auch jeglicher Kontakt zur Außenwelt verboten war, sind kaum übertrieben. Gleichzeitig nahm eine Untersuchungskommission ihre Arbeit auf, die den Baron monatelang verhörte. Greifbares brachte sie nicht ans Licht, im Gegenteil, Krohnemann verließ sich auf seine alten Tugenden und zeigte sich als gewiefter Redner, der, sich ohnehin keiner Schuld bewusst, seinen Widersachern zunehmend überlegen erwies und diese auskonterte. Er blieb *sich treu und verläugnete sich niemals, eben so wenig verwirrte er sich in Widersprüchen; seine Aussagen sind immer klar*[158]. Dies wirft eine bedeutende Frage auf: Im Gegensatz zu vielen andere Berichterstattern und modernen Historikern ist die Möglichkeit nicht auszuschließen, dass Krohnemann mehr war als lediglich ein Hochstapler und notorischer Betrüger. Was nach all dem Berichteten seltsam klingt, hat durchaus Berechtigung. Krohnemann stellte sicher nie Gold her, doch es ist davon auszugehen, dass er – vielleicht erst ab einem gewissen Zeitpunkt – überzeugt war, über diese Fähigkeit zu verfügen. Dafür gibt es einen direkten und einen indirekten Hinweis. Krohnemann unterschlug während seiner Bayreuther Zeit die ihm vom Markgrafen zur Verfügung gestellten Gelder keineswegs oder verwendete sie persönlich für sich – seinen Lebensstil finanzierte er offenbar durch seine Ämter, Heilmittelverkauf und Anleihen –, sondern investierte sie in die Laborausstattung und die teuren Substanzen. Nicht nur dies, er machte sogar zusätzliche Schulden, um im Labor voranzukommen, statt *im Falle des Misslingens sich zu salvieren und seine Schäflein im Trockenen zu haben*[159]. Seine Fluchtgelüste könnten folglich mit dem Druck seiner zahlreichen Gläubiger zu tun haben. Der indirekte Hinweis geht aus den Beschwerden seiner Verhörer hervor, Krohnemann plage sie *durch sein philosophisch-alchemystisches Kauderwelsch, er citirt dabei eine ganze phantastische Literatur,* noch dazu *Alles aus dem Kopf*[160]. Selbst wenn er dadurch seine Gegner zu verwirren suchte – er hatte die Klassiker des Genres offenkundig gründlich studiert, eine Mühe, die sich ein oberflächlicher Hochstapler kaum gemacht haben dürfte.

So interessant diese Frage für das Verständnis der Person Krohnemanns ist, für sein Verfahren hatte sie wenig Belang – und ins Unglück stürzen würde ihn nicht die Alchemie, sondern handfestere Verbrechen. Ihm solche konkret nachzuweisen, hatte die Kommission offenkundig ebenfalls Mühe, die Untersuchung zog sich zäh in die Länge. Auf die Dauer spielte ihm dies in die Karten, denn obwohl es immer wieder einmal Rückschläge gab, die hauptsächlich auf die Launen des enttäuschten Markgrafen zurückzuführen waren, lockerten sich die Haftbedingungen. Seine geschickte Verteidigung bereitete wohl auch seinem früheren Unterstützerkreis in Bayreuth zunehmend Kopfzerbrechen, ob man den einstigen Schützling nicht vorschnell hatte fallen lassen – und die Markgräfin stand scheinbar ohnehin unverbrüchlich zu dem Mann, von dem sie sich auch weiterhin Hilfe bei Krankheiten erhoffte. Diese Fürsprecher einerseits und eine gewisse Milde Christian Ernsts andererseits nach seinem im ganzen Reich aufsehenerregenden, glorreichen Beitrag zur Befreiung Wiens

1683 brachten eine spürbare Wende für den Gefangenen. Es war von Lilien, der sich für Krohnemann ins Zeug legte. So wurde diesem ab Februar 1684 eine Stube eingerichtet, zusätzlich mit dem Befehl, *daneben eine Kammer und Küche einräumen zu lassen, damit er ehestens zu arbeiten anfangen könne*[161]. Dazu wurden ihm einige Helfer zur Verfügung gestellt. Mit anderen Worten: Krohnemann war wieder im Geschäft – während das Verfahren gegen ihn weiterlief. Und es kam noch besser: Wieder einmal richtete der Baron ein teures Laboratorium ein, diesmal auf der Plassenburg, in der er sich nun frei bewegen konnte, und im Juli 1685 wurde ein Vertrag zwischen ihm und dem Markgrafen aufgesetzt. Paragraf für Paragraf wurde festgelegt, was der Bayreuther Hof zu leisten und Krohnemann zu erfüllen habe. Seitens Krohnemann wurde erwartet, dass er Gold *ad infinitum und auf Kindeskind* herbeiexperimentierte, von dem er ein Viertel behalten durfte Dafür wurden *Schutz und Protektion*[162] sowie Wiedereinsetzung in alte Ämter geboten, beschränkt jedoch vorerst auf die Plassenburg.

Bedenkt man die ganze Vorgeschichte, waren dies hervorragende Konditionen. Krohnemann, nun mit mehreren Gehilfen versehen, deren Loyalität bald mehr ihm als dem eigentlichen Festungskommandanten von Magwitz galt, entfaltete bald rege Aktivitäten, darunter einen florierenden Heilmittelhandel mit kränkelnden Damen von Adel. Deren Wirkung war ebenso wenig durchschlagend wie die Versuche des fast schon rehabilitierten Barons, ganz gleich, ob er nun selbst an seine Fähigkeiten glaubte oder nicht, gegen die Naturgesetzte konnte auch er nicht verstoßen. Alte Schemata wiederholten sich: Besucher wurden mit Kostproben des Meisters in Sondervorführungen eingewickelt. Hin und wieder reichte Krohnemann eine kleinere Menge Edelmetall nach Bayreuth weiter, wobei es sich hauptsächlich um Silber handelte, das nach alchemistischer Lehre einfacher herzustellen war. Obwohl Krohnemann wie gewohnt gesetzte Termine verstreichen ließ, beruhigte man sich zusehends: Überraschend wurden die abgelieferten Mengen deutlich größer. Dann war der Baron plötzlich verschwunden.

Am 12. Februar 1686 hatte er sich aus dem Staub gemacht. Mit einem selbst angefertigten Seil hatte sich der Baron durch eine undichte Stelle davongemacht – was ihm in späteren Spottversen den unschönen Beinamen Scheißhäuschenskriecher[163] einbrachte. Mitsamt seinen Helfern begab er sich in den Wallfahrtsort Marienweiher, der seit einiger Zeit von Franziskanern betreut wurde. Dort bat er um Asyl und bekräftigte seinen Wunsch mit dem Willen, zum katholischen Glauben überzutreten. Beides wurde ihm gewährt.

Durch eine Nachricht aus Untersteinach, wo man die Flüchtigen gesehen hatte, alarmiert, hatten die düpierten markgräflichen Behörden bei den bambergischen Kollegen in Kupferberg um Hilfe gebeten. Doch dies war nicht so einfach, der dortige Oberamtmann Ulrich von Waldenfels, nebenbei ein Verwandter des Kulmbacher Festungskommandanten von Magwitz, bot zwar sofort eine Truppe auf, die das Kloster umzingelte, doch dort einzudringen und Krohnemann mit seinen Leuten herauszuholen, hätte einen Skandal im katholischen Hochstift hervorgerufen. Trotzdem ging die Rechnung des Barons nicht auf. Mithilfe einer List lockte ihn von Waldenfels aus dem Kloster hinaus und nahm ihn fest. Fürstbischof Marquard Sebastian von Staufenberg (1683–1693) hatte offenkundig keine Lust wegen eines zwielichti-

Gut 150 Jahre nach Krohnemann wurde in der Fronveste Kulmbach auch Anna Margaretha Zwanziger festgehalten.

gen Konvertiten diplomatische Querelen mit den Nachbarn zu riskieren und lieferte Krohnemann an die Kulmbacher aus – nicht ohne eine sehr akribische Rechnung für den gesamten Aufwand zu erstellen.

Der wieder eingefangene Alchimist mitsamt seinen Helfershelfern – darunter auch Frauen – kehrte nicht mehr auf die Plassenburg zurück, sondern wurde in der Fronveste festgesetzt. Da den Behörden nicht ganz klar war, warum der Baron, der doch auf der Erfolgsspur schien, es mit einem Mal so eilig hatte, sich davonzumachen, setzte nun eine gründliche Untersuchung ein, die bald Erstaunliches zutage brachte. Die Silberkammer der Plassenburg war gewissermaßen leer geräumt. Was nicht eingeschmolzen worden war, hatten Krohnemanns Gehilfen gegen andere Metalle eingetauscht, ein florierender Handel mit Hehlern war entstanden. Es nutzte wenig, dass Krohnemann trotz Vorzeigen *des Daumenstocks und der Beinschrauben betheuerte, daß er ein wahrer Adept sei und Gold zu machen vermöge*[164], was zwar ein weiteres Mal für seine innere Überzeugung spricht, aber im Verfahren gar nicht zur Debatte stand: Angeklagt war er des Diebstahls und des Betrugs wegen der falsch ausgewiesenen Herkunft der Edelmetalle, wobei Gerüchte um ein angebliches Verhältnis zu einer der Dienstmägde auf der Plassenburg – also Ehebruch – hinzukamen. Die Beweislage war erdrückend: Seine Komplizen hatten weitaus weniger standhaft reagiert, als man ihnen die Folterinstrumente vorführte. Die leere Silberkammer war genauso wenig zu leugnen wie die plötzliche heimliche Flucht aus der Gefangenschaft. Auch war man in der Fronveste längst nicht mehr gewillt, den hohen Herren so sanft anzupacken und sich seinen redegewandten Verteidigungskünsten zu ergeben wie noch die Untersuchungskommission auf der Plassenburg.

Dementsprechend ging nun alles sehr schnell. Das Verfahren dauerte kaum einen Monat. Die Unterstützer Krohnemanns bei den Diebstählen und seiner Flucht kamen relativ glimpflich davon, wobei die Strafen für Männer und Frauen gleich ausfielen: Auspeitschung und Ausstellung am Pranger, anschließend Landesverweis. Nur einen der Soldaten, der sich als Fluchthelfer beteiligt hatte, traf es bedeutend schlimmer. Der erst 16-Jährige wurde auf Geheiß der Offiziere hingerichtet. Ein Beleg dafür, dass Krohnemann nur zu gut wusste, warum er das zweimalige Angebot der Festungskommandantur abgelehnt hatte – die Militärgerichtsbarkeit hatte ihre Nachteile. Auch einen – wenn auch weitaus weniger dramatischen – Kollateralschaden in Bayreuth gab es: Markgraf Christian Ernst glaubte von nun an, gut auf die Ratschläge seines Generalsuperintendenten von Lilien verzichten zu können. Der gutgläubige Protektor Krohnemanns starb schon im Jahr darauf, tief im Ansehen gesunken.

Blieb der Angeklagte selbst. In Anbetracht des Schicksals seiner Mitverschwörer konnte er sich keine allzu großen Illusionen machen – tat dies aber doch. Am 19. April 1686 traf das Urteil ein, Tod durch Erhängen. Dies war bereits eine unehrenhafte Todesart für einen hohen Adligen, noch dazu den Taufpaten des Thronfolgers. Gleichwohl schien auch dieser Affront Krohnemann nicht davon überzeugen zu können, dass man ihm letztlich in Bayreuth doch noch gewogen war. Immerhin, er traf Anstalten, sich dem Unvermeidlichen oder zumindest dem dafür vorgesehenen Protokoll zu stellen, was zu einer weiteren Farce führte. Nun erneut Katholik, verlangte er nach einem Priester seiner Konfession, was ihm jedoch von den Behörden verweigert wurde. Um nicht völlig eines Geistlichen entbehren zu müssen, trat der Baron also wieder einmal über. Am 25. April, zwei Tage vor dem Hinrichtungstermin, wurde er – diesmal unter Zwang – Protestant, damit bei der Exekution auch alles seine Richtigkeit hatte. Es war sein vierter Übertritt.

Am 27. April 1686 war somit alles vorbereitet und der Verurteilte auf dem Weg zur öffentlichen Hinrichtungsstätte, dem Galgenberg vor Kulmbach, auf dem ihn eine typische dreiseitige Konstruktion zum Erhängen erwartete. Noch immer gab sich der Baron zuversichtlich, dabei die Mehrheit der Bevölkerung auf seiner Seite habend, die ebenfalls nicht glauben wollte, dass der Markgraf seinen ehemaligen Minister im wahrsten Sinne des Wortes hängen lassen würde. Nachdem an diesem durch das Vorführen des Galgens ein Exempel statuiert und ihm ein gehöriger Schreck eingejagt sein würde, rechnete man mit der Verkündigung eines Gnadenerlasses. *Die große Menge des versammelten Volkes beobachtete das tiefste Stillschweigen und sah der Execution des Hängens zu*[165], wobei nicht einzuschätzen ist, wie sehr ihre Zurückhaltung auf den grausamen Vorgang oder die Erwartung zurückzuführen ist, dass gleich eine entscheidende Wendung eintreten werde.

Der Teil des Publikums, der mit Krohnemann auf diesen Moment wartete, wurde bitter enttäuscht. Nichts geschah, der Henker schritt zur Tat. Baron Christian Wilhelm von Krohnemann starb am Galgen. Und doch war seine Hoffnung nicht falsch gewesen. Markgräfin Sophie Louise, auf die sich Krohnemann stets hatte verlassen können, hatte bei ihrem Mann die Begnadigung des Verurteilen durchgesetzt. Der Bote mit der frohen Kunde war aus Bayreuth losgeschickt worden, traf jedoch zu spät ein. Ein böses Gerücht behauptete, Christian Ernst habe dem Reiter auf den Weg mitgegeben, er möge sich ruhig Zeit lassen, es bestehe keine Eile. Wahr oder nicht beschriebt es die ständig schwankende Meinung des Landesherrn ziemlich gut.

Das Geschehen um Krohnemann und sein unerwarteter Tod, noch dazu nicht durch das Schwert, sondern am schnöden Holz des Galgens, forderte zahlreiche Spötter heraus. Vom Henker stammte angeblich eine gereimte Inschrift auf einer Tafel an der Hinrichtungsstätte, die recht geistreich mit den holprigen Zeilen endete: *Ich war zwar wie Mercur wird Fix gemacht, bedacht. / Nun ist es umgekehrt und ich wird Fix gemacht*[166]. Ob ein Scharfrichter aus der Provinz solche poetischen Qualitäten aufweisen konnte, sei dahingestellt, mit der Bemerkung, er habe Mercur – also Quecksilber – festhalten wollen, wurde Krohnemanns Vergehen, Betrug, noch einmal mit der Alchemie verbunden. Wesentlich derber gaben sich andere Gelegenheitsdichter, die sich vor allem über die Titelsucht und Großspurigkeit des entlarvten Barons lustig machten und sich dabei wenig Zurückhaltung auferlegten:

Christian Wilhelm Bantoffel von Lekmarsmann,
Herr über den Rabenstein,
unweit von Culmbacher Galgen gelegen,
Erbherr über aller Wißt Ihrs doch wohl,
und ein großer Haanrey über Praag, Wien, Leipzig, Graffenberg und Holfeld,
Rittern übern den Steinern drey Säulige gemauerten Orden zu Culmbach,
Obrister über den Schinderskarren,
uff welchen Er von Kupfferberg nach Culmbach geführet worden,
Hochfürstlk. Brandeburgl. Vestungs-Dieb
und geheimder S.V. Scheißhäusleins-Springer,
Obrister Galgen Commendant,
Münz und Silber Bescheißer
Auch Leut Ansetzer.
Durch den Dreck hat er sich gleichwohl gefressen,
und damit das Leben salviren wollen.[167]

5.

Giftmischereien ohne Tränen: Anna Margaretha Zwanziger (1760–1811)

„… nur ihn krank zu machen, um ihn für seine Neckereien zu bestrafen."

Vom Glanz einer allseits bewunderten europäischen Kulturmetropole wie noch in den Tagen Nicolaus Muffels war Nürnberg Mitte des 18. Jahrhunderts wenig geblieben. Sicher, man war noch immer eine große Reichstadt, aber ganz anders als im Mittelalter galt dies nun als Ausweis von rückständiger Starrheit und politischer Bedeutungslosigkeit, gepaart mit leeren Kassen. Dass uns und Touristen aus aller Welt heutzutage gerade Städte wie Rothenburg ob der Tauber, Dinkelsbühl oder Nürnberg als wunderschöne mittelalterliche Ensembles erhalten sind, verdankt sich genau diesem Niedergang seit 1600. Das Modell der Stadtrepubliken hatte sich überlebt, Geld für aufwendige Neubauten war nicht mehr vorhanden, der Kaiser als Schutzherr bedeutungslos. 1793 schrieb ein Besucher, Georg Friedrich Rebmann, verächtlich: *Gefesselt an ihre lächerliche Verfassung, scheinen sie ihr kümmerliches Dasein in Nürnberg jeder Verbesserung ihrer Umstände an einem auswärtigen Orte vorzuziehen*[168]. Zu dieser Zeit hatten die Frühromantiker die Stadt ihres Idols, Albrecht Dürer, längst wiederentdeckt und würden sie bald in intellektuellen Kreisen als Reiseziel extrem populär machen. Die industrielle Revolution wird Nürnberg einige Jahrzehnte später zu einer Renaissance verhelfen. Doch der gehässige Satz Rebmanns traf für das Schicksal einer Nürnbergerin durchaus zu, deren Zukunft sich ganz anders gestalten sollte als die ihrer Heimatstadt – eben gerade weil sie ihrem traurigen Dasein in der Fremde abzuhelfen wünschte.

Anna Margaretha Schönleben, geboren am 7. August 1760 in Nürnberg, trug einen Nachnamen, *der bei ihr im entgegengesetzten Sinne bezeichnend wurde*[169], wie der Mann schrieb, der ihrem Fall bis zum heutigen Tag unrühmliche Berühmtheit verschaffte, Paul Anselm von Feuerbach (1775–1833). Der brillante Jurist, der während einer liberalen Phase als Reformer für das neue Königreich Bayern die Gesetzesbücher auf den neuesten Stand bringen sollte und der der Meinung war, dass durch *den steten Umgang mit schweinsledernen Bänden*, also Theorie ohne Menschenkenntnis, *nach und nach unsere Seele selbst schweinsledern wird*[170], ließ unter anderem die Folter abschaffen. Anna Margaretha Zwanziger war weitaus weniger berühmt, doch Feuerbach interessierte sich für ihre Taten. Diese waren ihm seit Bamberger Tagen und durch die spätere Mitarbeit des Kulmbacher Untersuchungsrichters Brater in Ansbach gut vertraut, weil ihn die Psychologie dieser Frau offenbar in Bann zog. Aus seinem Abscheu ihr gegenüber machte der sonst so ausgewogene und gegenüber seinem eigenen

Stand kritische Jurist in seinen *Aktenmässigen Darstellung merkwürdiger Verbrechen* keinen Hehl – womit er das Bild der Giftmörderin maßgeblich prägte.

Dabei hatte deren Leben eigentlich einen recht viel versprechenden Ausgangspunkt. Mochte Nürnberg eine Phase des Niedergangs erleben, das Gastgewerbe, welches ihre Eltern betrieben, blieb einträglich. Der Name Schönleben hatte außerdem nicht nur einen guten Klang in der Stadt, sondern verwies auf eine traditionelle Familie, deren Vorfahren sich noch heute existierende, ansehnliche Grabstätten auf dem berühmten Rochusfriedhof leisten konnten[171]. Die *böse Vorbedeutung*[172] der Wirtstochter, die sie im Nachhinein ihrer Herkunft aus dem *Gasthaus zum Schwarzen Kreuz* beilegte, kam trotzdem nicht ganz von ungefähr, denn nach dem Tod ihres Vaters, ihrer Mutter und ihres Bruders stand sie plötzlich mit fünf Jahren allein auf der Welt da. Was ihr blieb, war die Aussicht auf ein stattliches Erbe – dafür musste sie allerdings die Volljährigkeit, damals das 21. Lebensjahr, abwarten. Die Zeit bis dahin verlief unterschiedlich, sie wurde bei mehreren älteren Damen in Nürnberg und Umgebung jeweils für einige Jahre in Pflege gegeben, bis sie zehn war und ihr amtlich bestellter Vormund sich ihrer annahm. Schon bei den Frauen war es ihr überwiegend nicht schlecht ergangen, nun wurde es sogar noch besser. In dem Wissen, dass sein Pflegling – dank des ererbten Vermögens – einmal eine gute Partie darstellen würde, ließ der Kaufmann dem Mädchen eine für damalige Verhältnisse zwar nicht immer systematische, gleichwohl sehr umfassende Ausbildung zukommen, neben Handarbeit und Religion, flüssigem Schreiben und Rechnen sogar, deutliches Zeichen gehobener Erziehung, Kenntnisse des Französischen.

Der Zweck dieser pädagogischen Investition zeigte bald die gewünschten Früchte. 1775 fand sich durch Vermittlung des Vormunds ein ernsthafter Bewerber um die Gunst der 15-Jährigen ein, der gute Aussichten aufzuweisen hatte, winkte ihm doch eine Stelle als Notar. Doch das Mädchen sträubte sich, diesen Herrn Zwanziger zu heiraten. Der konnte zwar – vermeintlich – Solidität vorweisen, war jedoch doppelt so alt. Fast vier Jahre gingen ins Land, bevor sie endlich dem Zureden ihres Vormundes und des zukünftigen Gatten nachgab, im Oktober 1778 heiratete man in Nürnberg. Hieraus sei – so etwa das offizielle Todesurteil – *keine glückliche Ehe*[173] entstanden. Vorderhand wurde dies auf den Notar Zwanziger zurückgeführt, der sei *ungehobelt und brutal*, gleichzeitig *ein Säufer* gewesen, *der angeblich an manchen Abenden bis zu zehn Flaschen Wein in sich hineinschüttete*[174].

Ganz so einfach war es nicht. Tatsächlich war Zwanziger ein wohl krankhafter Alkoholiker, dessen Genusssucht im Laufe der Jahre immer mehr zunahm. Gleichzeitig war er ein Lebemann, der seiner anfangs schüchternen und naiven Ehefrau, die sich vor seinen Launen fürchtete, viel zu bieten hatte. Vorbedingung für ein fortan recht ausschweifendes Leben, an dem *er, wie billig, seine Ehehälfte Theil nehmen ließ*[175], war deren Volljährigkeit und damit die Einbringung des Vermögens in die Ehe. Dies ermöglichte beiden ein großzügiges gesellschaftliches Leben, in dem es an nichts fehlte, man war gern Gastgeber, besuchte die Umgegend und Tanzveranstaltungen. Ihr Ehemann hatte Anna Margaretha auf den Geschmack gebracht, umso bitterer musste der Kassensturz nach einigen Jahren ausfallen: Vom Erbe war nichts mehr übrig, stattdessen waren zwei Kinder und ein Gatte zu ernähren, der nun lieber allein im Wirtshaus den Rest des Geldes vertrank. Es war der erste Abstieg der noch jungen Frau –

und er war tief: Um das tägliche Überleben zu garantieren, verkaufte sie sich an willige Männer, nur *Standespersonen*[176], wie sie sich später rechtfertigte. Kurzzeitig brachte ein Lotteriegewinn Aufschub, doch sorgte dieser nur für Turbulenzen anderer Art. Aufgrund einer Affäre mit einem Leutnant verließ die Zwanziger kurzzeitig ihren Mann, ließ sich sogar scheiden, kehrte jedoch umgehend nach Nürnberg zu diesem zurück – und heiratete ihn ein zweites Mal. Der heruntergekommene Notar sprach noch immer reichlich dem Alkohol zu, doch laut Auskunft seiner wiedergewonnenen Gattin lebte man seitdem harmonisch zusammen.

Im Januar 1796 starb Zwanziger als Opfer seiner Trunksucht. Für seine Witwe begann ein verworrener Weg durch die Lande und hinunter auf der sozialen Leiter. Vom Lottogewinn war nur ein Betrag geblieben, der zum Leben nicht ausreichte. Ein kurzer Traum von der Selbstständigkeit – eine Zuckerbäckerei in Wien – platzte bald, statt eines eigenen Haushalts blieb ihr nur der Dienst für andere, hierfür konnte ihr wenigstens ihre gute Ausbildung zu Hilfe kommen. Doch bewies die Zwanziger ein Talent dafür, sich ständig selbst in die Bredouille zu bringen. Nach einer ersten Anstellung in Ungarn, die mit einem unehelichen Kind endete, das noch dazu bald starb, landete sie wieder in ihrer Heimatstadt, wo sich ähnliche Vorfälle ereigneten. Stets ging sie Verhältnisse mit ihren Hausherrn ein, die ohne Perspektive nur einen Rausschmiss zur Folge haben konnten. Selbstmordversuche folgten, die, wie einige angebliche Schwangerschaften, vermutlich eher fingiert waren. Die Zwanziger nährte ihren Groll über die Menschheit und kam von einer Großstadt in die andere, von Frankfurt über Wien nach Regensburg – und zwischendurch immer wieder nach Nürnberg. Dann wurden die Ortschaften kleiner, die Vergehen größer. In Goethes Weimar heuerte sie als Dienstmagd bei einem Kammerherrn an, wo es ihr schon nach sechs Wochen nicht mehr gefiel. Um sich für den anstrengenden Dienst *eine Entschädigung*[177] zu verschaffen, entwendete sie einen Ring und stahl sich heimlich davon. Dies blieb nicht lange unbemerkt. Während sie in Mainbernheim bei Kitzingen zu Gast im Hause ihres Schwiegersohnes war, wurde dieser auf eine Zeitungsmeldung aufmerksam: Seine Besucherin wurde steckbrieflich wegen Diebstahls gesucht. Es folgte Stufe drei des sozialen Abstiegs. Nun musste sie auch noch ihren Namen ändern, um unerkannt zu bleiben und die Hoffnung auf eine Anstellung zu wahren. Vorerst genügte es, wieder ihren Geburtsnamen anzunehmen.

Ihre Odyssee war längst nicht beendet. In Neumarkt in der Oberpfalz, wo sie eine sehr gute Stelle als Handarbeitslehrerin erhalten hatte, machte sie einem zufällig anwesenden bayerischen General Avancen, der sich hier in der Provinz erst sehr zutraulich, zurück in München, wohin sie ihm nachreiste, jedoch plötzlich völlig abweisend zeigte. Ihren Posten in Neumarkt hatte sie in Verfolgung dieser Heiratsfantasie verlassen. Das unstete Leben kehrte zurück, bis sie 1807 in Pegnitz südlich von Bayreuth landete, das nur noch eine kleine Landstadt ist. Hier, *wo sie sich vom Stricken ernährte und sich durch ihr Betragen allgemeine Zuneigung erwarb*[178], wurde der Sohn des Justizamtmanns Glaser aus Kasendorf bei Kulmbach auf sie aufmerksam und bat seinen Vater, sie als Haushälterin in Dienst zu nehmen. Nun war die stolze Nürnbergerin endgültig in der Provinz angekommen. Der Ort, der im Mittelalter einst Stadtrechte besessen hatte, die jedoch keine städtische Entwicklung zur Folge hatten, war Sitz eines kleinen markgräflichen Amtes, welches auch die zahlreichen Herrschaftswirren der Zeit nach der

Das Amtshaus in Kasendorf.

Französischen Revolution überstand.[179] Während der Zeit, in der die Zwanziger dort lebte, ging der endgültige Übergang an das neu geschaffene Königreich Bayern vonstatten, nach *fünfmaligem Wechsel in der staatlichen Zugehörigkeit*[180].

Glaser, etwa gleich alt wie die inzwischen fast 50-jährige Zwanziger, die sich bei ihm als Nannette Schönleben, geborene Steinacker, vorstellte, bedurfte dringend einer verlässlichen Haushälterin, denn er lebte seit einiger Zeit von seiner Ehefrau getrennt. *In das Glaser'sche Haus zogen wieder Ordnung und Wohlbefinden ein*[181], die neue Angestellte verstand es bald, sich unentbehrlich zu machen, ja, sie betrieb sogar die Aussöhnung der beiden Eheleute mit allen Mitteln, von heimlicher Korrespondenz bis hin zur Stiftung einer Messe im katholischen Hollfeld. Sie schien von dieser Idee fast mehr angetan als die beiden Betroffenen, gleichwohl führte ihr stetes Drängen zum Erfolg. Am 22. Juli 1808 holte Glaser seine noch immer skeptische Frau in Hollfeld ab, während die Zwanziger daheim in Kasendorf ein Willkommensfest organisierte, an dem der ganze Ort teilnahm – ihre Kenntnisse aus ihren jugendbewegten Nürnberger Zeiten dürften ihr dabei sehr geholfen haben. Selbst das Ehebett schmückte sie mit Blumen und einer kleinen Tafel, die nicht vergessen machte, wem dieses schöne Ereignis zu verdanken war: *der Witwe Hand / knüpft dieses Band*[182]. Insgeheim knüpfte die gute Seele des Hauses jedoch noch ein ganz anderes Band, denn ihr perfider Plan ging weit über das Leben unter einem glücklich wiedervereinten Ehepaar hinaus: Die Rückkehr der Glaser war nur eine Zwischenstufe beim Erreichen eines ganz anderen Ziels. Was ihr bei einem Wiener Leutnant, einem Nürnberger Freiherrn, einem Frankfurter Ministerpräsidenten und einem bayerischen General nicht gelungen war, mochte doch vielleicht wenigstens bei einem Kasendorfer Amtmann verfangen – und hierfür war sie inzwischen bereit, zur niedrigsten Stufe menschlichen Handelns herabzusteigen. Nach nicht einmal einem Monat war die zurückgekehrte Ehefrau tot.

Aus Sicht der Haushälterin Zwanziger war ihr öffentlichkeitswirksames Bemühen um die Wiederherstellung der Ehe als Ergebnis einer zynischen Kalkulation eine Win-win-Situation. Nach außen hin konnte kein besseres Bild einer gutmütig-besorgten Dienstmagd entstehen, gleichzeitig war für ihren eigentlichen Zweck die persönliche Anwesenheit der Gattin vonnöten. Zusätzlich musste sie für die Zeit nach dem Ableben der Glaser für den Witwer wie eine unentbehrliche Stütze des Haushaltes wirken. Dies war schließlich Sinn der ganzen sorgfältig durchdachten Operation: Glaser, geschockt durch den jähen Tod der eben erst zurückgewonnenen Gattin, sollte sich der aufopferungsbereiten Seele in die Arme werfen, der er doch so viel zu verdanken hatte. Damit wäre der Schritt zurück in die bessere Gesellschaft gemacht. Es wurde auch Zeit, die Zwanziger geriet in die Jahre, auch wenn man den zahlreichen Beschreibungen der Frau als unter anderem *hässliche, mit einem eckelhaften Leibschaden behaftete*[183] Halbgreisin oder als *hager, schief und verwachsen*[184], nicht unbedingt vollen Glauben schenken sollte, da sie – ohne die Person jemals gesehen zu haben – mit dem Wissen um ihre Taten verfasst wurden. Man darf davon ausgehen, dass von der jungen Frau, der es früher im direkten Widerspruch zu den eben erwähnten Urteilen offenkundig leicht gelungen war, männliche Bekanntschaften zu machen, inzwischen nach all den turbulenten Jahren wenig Attraktives geblieben war. Gleichwohl mochte sie diesen äußerlich unvorteilhaften Anschein durch das ihr von vielen nachgesagte *Betragen*, welches ihr *allgemeine Zuneigung erwarb*[185], zu ihren Gunsten ausgleichen.

Anfang August, man hatte Gäste, wurde den Beteiligten nach dem Abendessen übel, was wohl, so der allgemeine Schluss, an einem verdorbenen Lebensmittel gelegen haben musste, da auch der Nachtwächter des Ortes, dem man die Reste des Mahls überließ, nach deren Genuss erkrankte. Mehr Aufmerksamkeit erregte da schon, dass Elisabeth Glaser, nachdem ihr die Zwanziger am 14. August Tee gereicht hatte, über starke Übelkeit geklagt hatte – sie konnte nicht ahnen, dass die Zwanziger, nach dem Abendessen von neulich, welches scheinbar eine Art Testlauf darstellte, nun dazu überging, den nächsten Akt ihres Planes umzusetzen: die Vergiftung der Hausherrin mit Arsen. Das Gift war in jenen Tagen für jedermann leicht zu besorgen, es war als „Mückenstein" ein gern genutztes Hausmittel, um *Fliegen, Mücken und anderes Ungeziefer zu vernichten. Man legte es auf die Schränke*[186]. Gleichzeitig war es in der Medizin als Heilmittel in Gebrauch und in Apotheken problemlos erhältlich. Deshalb kann es nicht verwundern, dass in denselben *Abhandlungen der physikalisch-medicinischen*

Societät zu Erlangen von 1812, in der die Obduktionsgutachten der späteren Opfer Zwanzigers zur Warnung vor den Gefahren des Giftes veröffentlicht wurden, gleichzeitig ein Beitrag *Über den Gebrauch des Arseniks gegen Wechselfieber und einige verwandte Krankheiten*[187] stand.

Der erste Versuch war gescheitert, die Zwanziger experimentierte noch mit der Menge – Erfahrung auf dem Gebiet hatte sie schließlich nicht. Ein Rest von Unsicherheit, bei dem was sie tat, schwingt auch in dem Satz mit, den sie angeblich zu sich selbst vor dem erneuten Beifügen einer nun größeren Portion Mückenstein gesagt haben soll: *Herr Jesus! Die muss gewiß sterben!*[188] Diese doppelzüngige Erkenntnis, die nichts anderem als dem Sinn und Zweck ihres Handelns entsprach, war zutreffend. Schon am nächsten Tag, dem 15. August, bot sie ihrer Herrin eine vergiftete Tasse Kaffee an, nach der sich alsbald heftige Symptome einer Krankheit einstellten. Der herbeigerufene Arzt, Dr. Fuchs, war ratlos, vermutete die *Folgen der Reise, einer Erkältung auf dem Postwagen*[189]. Doch während seiner fast täglichen Besuche konnte er lediglich eine stetige Verschlechterung des Zustandes konstatieren, am 26. August traf er sie nur morgens noch *agonisierend, zwar bei vollkommenem Bewußtseyn*[190] an, im Laufe des Tages verstarb sie. Untröstlich am Totenbett: Anna Margaretha Zwanziger. Sie hatte viel riskiert, doch ihr Plan hatte einen Fehler. Zwar geriet sie nicht im Geringsten in Verdacht, doch Glaser behielt sie nicht im Dienst, erst recht dachte er nicht an eine mögliche Heirat. Dies sollte sich noch rächen.

Gleichwohl konnte sich die entlassene Dienstbotin bald über das Scheitern ihres Vorhabens hinwegtrösten, denn kaum einen Monat nach dem Tod ihres ersten Opfers fand sich eine neue Stelle in unmittelbarer Nähe. Am 25. August trat sie, die sich durch ihre aufopferungsvolle Arbeit einen guten Ruf erworben hatte, ihren Posten bei dem Justizamtmann Grohmann, einem Kollegen Glasers, in Sanspareil an. *Sanspareil (eigentlich heißt das Dorf Zwernitz, unter welchem Namen es auch auf der Karte, drei Meilen westlich von Bayreuth, steht) ist einer der drei berühmten Lustgärten des sonstigen bayreuthischen Hofes*[191], hatten noch wenige Jahre zuvor die beiden Romantiker Ludwig Tieck und Heinrich Wilhelm Wackenroder geschrieben – dieselben, die in ihrer berühmten *Pfingstreise* 1793 das Interesse an der Stadt Nürnberg wiederbelebten. Ob die Zwanziger ein Auge für die noch heute wunderschöne Kulisse der mittelalterlichen Burg über dem kleinen Dorf mit dem anschließenden Felsengarten hatte, ist fraglich. Ein Auge geworfen hatte sie jedoch mit Sicherheit auf ihren neuen Arbeitgeber, den Junggesellen Grohmann, *obgleich erst 38 Jahre alt und von starkem Körperbau, war er ein kränkelnder Mann, litt schon seit mehreren Jahren vorzüglich an Gicht*[192], ideal für die Bemutterung durch seine neue Haushälterin, die erneut alles in die Wege leitete, um sich unentbehrlich zu machen.

Verdruss bereiteten ihr lediglich zwei Amtsboten, die Gerichtsdiener Lorenz und Johann Dorsch, die sich offenbar den ein oder anderen Spaß mit der Haushälterin erlaubten – sie hatten sich das falsche Ziel für ihre Neckereien ausgesucht. *Auch war es ihr zum Verdruß, daß beide allzu oft in Bier sich viel zu gut thaten*[193], und so nutzte sie deren Liebe zum Gerstensaft, um ihnen eine Lektion zu erteilen. Sie schüttete beim nächsten Besuch eine kleine Menge Arsen in die Bierkrüge, *nicht, sie zu tödten, sondern nur krank zu machen*[194]. Doch den beiden schmeckte das vorgesetzte Bier nicht, sie ließen es stehen, nachdem sie nur kurz davon genippt

Der „Lustgarten" in Sanspareil mit dem Felsentheater.

hatten. Die Zwanziger hatte sich also verändert: War die Tötung der Konkurrentin Glaser ein ausgeklügelter, von langer Hand vorbereiteter Plan gewesen, handelte sie nun immer willkürlicher, ihren Launen und den erstbesten sich bietenden Gelegenheiten nachgebend. Der ursprüngliche Zweck, sich an die Stelle der Beseitigten zu setzen, der im Falle Grohmanns ohnehin nicht vorhanden war, wich zunehmend einer *rein destruktiven Art*[195], die sich in der Ausübung stiller Macht gefiel. Sie disziplinierte durch Gift, wie der Vorwurf deutlich unterstreicht, die beiden Gerichtsdiener hätten zu sehr dem Alkohol zugesprochen, Wer fortan als Gast in das Grohmann'sche Haus kam, lief unwissentlich Gefahr, dieses mit heftigen körperlichen Beschwerden zu verlassen. So erging es dem Amtmann Christoph Hofmann aus Wiesentfels in der Fränkischen Schweiz, dem nach gereichtem Bier, oder der Gattin eines Kollegin aus Kainach bei Hollfeld, der nach Kaffeegenuss übel wurde. Die Zwanziger rechtfertigte sich später während der Untersuchung, beides seien gewissermaßen Kollateralschäden gewesen, in den Gefäßen müssten sich noch Reste von Arsen von den Versuchen an den beiden Dorsch befunden haben. Für dieses Argument spricht, dass für eine Bestrafung dieser beiden Opfer kein ersichtlicher Grund vorlag. Gegen dieses Argument spricht, dass die Zwanziger es häufig gebrauchte, so häufig, dass die Restmengen an verseuchten Getränken, aus denen Leute versehentlich tranken, enorm gewesen sein müssten.

In jedem Fall waren die Besucher kein vorrangiges Ziel und auch die Rache an den beiden frivolen Amtsdienern trat in den Hintergrund, als sich der leidende Grohmann, den sie umsorgte wie eine Krankenschwester, nicht auf die erhoffte Art erkenntlich zeigte. Ganz im Gegenteil. Für ihn war die treue ältliche Haushälterin kein begehrenswertes Objekt, sondern eben eine Dienstbotin. Dies musste ihr endgültig klar geworden sein, als Grohmann ganz offiziell ankündigte, er werde um die Hand der Tochter seines Amtskollegen aus dem mittelfränkischen Dachsbach im Aischgrund anhalten. Dieses Mal gab die Zwanziger nicht die freundliche Stifterin einer Ehe, sondern ließ jeden merken, wie wenig sie von solch einer Verbindung hielt, was ihr zunehmend den Unmut ihres Arbeitgebers zuzog. Als das Gerücht umging, Grohmann sei bereit, das Aufgebot für die baldige Hochzeit zu bestellen, wurde er plötzlich von einem Krankheitsschub befallen, wie er ihn bisher nicht erlebt hatte. Zumindest musste sich dieses Bild für Außenstehende ergeben, anders war für sie der abrupte Verfall des 38-jährigen nicht zu erklären. Sein Arzt bestätigte *ausdrücklich*, dass *unter anderem Erbrechen, vermehrte Reizbarkeit des Darmkanals, Krämpfe in den Urinwegen, sowie krampfhafte und entzündliche Zufälle des Halses und der Respirationswege*[196] zu den Symptomen von Grohmanns Leiden gehört hatten. Dass sie dieses Mal so stark ausfielen, um nur wenige Tage nach Einsetzen den Tod des Amtmannes am 8. Mai 1809 zur Folge hatten, erregte folglich kein großes Aufsehen. Die trauernde Haushälterin Anna Margaretha Zwanziger wusste es besser, leugnete jedoch bis zuletzt irgendeine Tatbeteiligung. Schlimmstenfalls, räumte sie ein, dass Grohmann, *ohne ihre Absicht, von dem vergifteten Biere getrunken haben könne, welches sie für die Beiden Dorsch im Vorrath gehabt habe*[197].

Der Tod Grohmanns wurde als der Lauf der Dinge angesehen, auch von den Missstimmungen der letzten Wochen war offensichtlich nichts nach außen gedrungen. Die geschätzte Dienstmagd des Verstorbenen, die den kranken Mann in seinen letzten Tagen so sorgsam gehütet hatte, fand schnell eine neue Aufgabe im Ort, wobei ihr der Zufall half. Wieder war es ein Amtmann, der sie in ihre Dienste nahm, da sie ihm – trotz der traurigen Vorgeschichte durch den Tod seines Kollegen – wie ein Wink des Schicksals vorkommen musste. Amtmann Gebhardt benötigte nämlich dringend eine Hilfe im Haushalt, da seine hochschwangere Frau unmittelbar vor der Niederkunft stand. Sie befand sich zwar *vollkommen wohl, und dieses Wohlsein hat nach einer glücklichen und schnellen Entbindung den Umständen gemäß noch fortgedauert*[198], endete jedoch mit dem Tag des Eintretens der Zwanziger in den Gebhardt'schen Dienst. Es war der 13. Mai 1809. Grohmann war gerade einmal fünf Tage tot, das Kind Friederike Gebhardt soeben auf die Welt gekommen.

Schon am vierten Tag nach dem Einzug hatte die neue Haushaltshilfe den Entschluss gefasst, ihre Herrin loszuwerden, weil sie *sich sehr ärgerlich bezeigte, sie sehr schnöde behandelte, ihr, wegen angeblich verwahrlosten Hauswesens, Vorwürfe machte*[199]. Ob die durch die Schwangerschaft geschwächte, frischgebackene Mutter tatsächlich binnen so kurzer Zeit

In der Burg Zwernitz in Sanspareil saßen auch die Amtmänner.

keine anderen Sorgen hatte, als an ihrer Dienstbotin herumzumäkeln, darf ernsthaft bezweifelt werden. Eher schon setzte sich das altbekannte Schema durch, dass sich für Zwanziger eine günstige Konstellation ergab, die sie zu nutzen verstand: Die Wöchnerin war mit ihren 39 Jahren nicht mehr die Jüngste, zwar war bisher alles bestens verlaufen – doch wer konnte schon garantieren, dass dies so blieb? Und dann stünde ein Witwer da, der noch dazu einen Säugling zu versorgen hatte. Am 17. Mai füllte die Zwanziger in einen Krug Bier Mückenstein, in einen anderen eine erhebliche Portion Mäusegift. Der erste Krug wurde, so seltsam uns dies heute erscheinen mag, der Wöchnerin als Stärkung gegeben *und Gebhard selbst, unwissend, was er thue, reichte mehr als einmal seiner Gattin von dem vergifteten Tranke*[200]. Nicht genug, auch das zweite Bier war für die inzwischen heftig Erkrankte vorgesehen, doch sie trank hiervon nur noch sehr wenig. Bekanntes wiederholte sich beim Arztbesuch: Die Patientin litt unter zahlreichen Schmerzen, besonders unter Krämpfen im Hals, ihre *Angst und Unruhe nahmen zu*[201]. Trotz des Einsatzes von erhöhten Dosen an Opium und allerlei anderer Mittel konnte der herbeigeholte Mediziner am Morgen des 20. Mai 1809 nur noch den Tod konstatieren.

Kasendorf war nur wenige Kilometer entfernt, Sanspareil ein überschaubar kleiner Ort. Jetzt fielen auch anderen Beobachtern die erstaunlichen Parallelen auf: Wo immer die Zwanziger als Haushälterin in Dienst trat, starb binnen kürzester Zeit ein Angehöriger. Dies konnte kein Zufall sein. Da man es gut mit dem Witwer meinte, versuchte man ihn darauf hinzuweisen. *Niemand sprach dies jedoch als Beschuldigung aus; man meinte nur warnen zu müssen in der Besorgniß eines unheilbringenden sympathetischen Einflusses jener Person auf diejenigen Menschen, denen sie beständig nahe sey*[202]. Mit anderen Worten, die Zwanziger stand keineswegs in Verdacht, mit dem Tod der Personen etwas zu tun zu haben, sondern nur, dass ihr das Unglück an den Fingern klebte und sie deshalb gewissermaßen ansteckend sei. Doch konnte der aufgeklärte Amtmann Gebhardt tatsächlich solch abergläubischem Gerede der Dorfbevölkerung nachgeben? Objektiv hatte er die hingebungsvolle Pflege an der sterbenden Gattin in den letzten Tagen beobachten können. Dies musste nur bestätigen, was er schon bei dem kranken Grohmann mitbekommen hatte und was über die Zufriedenheit der bisherigen Arbeitgeber im Umlauf war. Der Tod einer Frau im Wochenbett war tragisch, aber alles andere als außergewöhnlich – und machte eine weibliche Kraft im Hause nur noch dringender vonnöten. Es geschah, wie die Zwanziger es selbst vorausgesehen hatte: Gebhardt bat sie zu bleiben.

Ihr Hauptopfer war beseitigt, doch die neue Dienstmagd hielt mit ihren Giftmischereien keineswegs inne. Noch mehr als im Hause Grohmann handelte sie zunehmend erratischer. Wer auch immer mit dem Gebhardt'schen Haushalt zu tun bekam, war von nun an gefährdet, jegliche Einladung wurde zur unausgesprochenen Todesdrohung. Im August desselben Jahres schenkte die Zwanziger zwei Gästen, dem Handlungsdiener Beck und der Sekretärswitwe Alberti, Bier ein, in dem sie Mückenstein aufgelöst hatte. Der Dame riet sie zwar zu Kaffee, doch als sie auf Bier bestand, traf sie das eigentlich nur Beck zugedachte Gift ebenso. *Ihn zu tödten sei nicht in ihren Sinn gekommen, sondern nur ihn krank zu machen, um ihn für seine Neckereien zu bestrafen*[203], so wie sie einst die beiden Gerichtsdiener Dorsch schon zu disziplinieren versucht hatte. Gleiches galt für den Amtsboten Rosenhauer – *er machte ihr zuweilen Verdruß und Klatschereien*[204] – und dessen Laufburschen Johann Kraus, die sie unabhängig voneinander durch Arsen vergiftete. Auch sie wurden krank, überlebten jedoch.

Den Bogen überspannte sie endgültig, als sie gleich eine ganze Versammlung an Personen mit vergiftetem Bier aus dem Gebhardt'schen Keller versorgte. Gebhardt hatte Freunde und Honoratioren, darunter den Bürgermeister, am 1. September zu einer Kegelrunde im Freien eingeladen, die Versorgung mit Getränken organisierte er über seine Dienstboten. Nach Genuss des Kellerbieres wurde der gesamten Kegelgemeinschaft schlecht, selbst Gebhardt blieb nicht verschont. Später hierzu befragt, stritt die Zwanziger eine gezielte Tat ab. Und tatsächlich mutet es seltsam an, dass sie der kompletten Gruppe habe Böses wollen, insbesondere ihrem Hausherrn. Ihre übliche Verteidigung, womöglich habe sich in den Krügen noch Restarsen von der Vergiftung der Frau Gebhardts befunden, ist mehr als unglaubhaft – es waren über drei Monate vergangen. Denkbar ist, dass sie lediglich erneut den am Kegelvergnügen ebenfalls teilnehmenden Handlungsdiener Beck treffen wollte, doch wäre dies nur ein weiteres Anzeichen fortgeschrittener Skrupellosigkeit, wenn sie bereit war, hierfür zahlreiche andere Opfer in Kauf zu nehmen.

Es waren dann doch zu viele. Auf einige Beschwerden der Betroffenen hin, die nun alles andere als abergläubische Argumente vorbrachten, sah sich Gebhardt veranlasst, seiner Dienstbotin zu kündigen – und zwar fristlos. Diese, davon offensichtlich nur im ersten Moment überrascht, setzte sofort eine ihre doppelten Taktiken in Gang. Nach außen hin gab sie sich empört, aber trotzdem freundlich ihrem Arbeitgeber gegenüber. Sie rechnete damit, dass er seinen spontanen und nur auf Druck vorgenommenen Entschluss bald bereuen würde. Zu dieser Vermutung hatte sie allen Anlass, denn Gebhardt war keinesfalls überzeugt von kriminellen Absichten der Haushälterin. Im Gegenteil: Er stellte ihr ein sehr wohlwollendes Arbeitszeugnis aus, *welches unter anderem die „Treue und Bravheit ihres Betragens" rühmte*[205]. Auch eine Reisevergütung gab er ihr mit auf den Weg.

Vorher jedoch setzte die Zwanziger noch Teil zwei ihres Plans um. Unter der Prämisse, den von ihr geführten Haushalt in geordneter Manier zu übergeben, verrichtete sie mehrere Arbeiten, darunter auch solche, die gar nicht zu ihrem Aufgabenbereich gehörten. Als sich eine andere Dienstbotin wunderte, warum sie das Salzfass in der Küche auffülle, erklärte die Zwanziger dies mit einem Brauch, der den anderen Angestellten einen langen Arbeitsplatz bescheren solle. Am Morgen des Abschieds, dem 3. September, zeigte sie sich in bester Laune. Ihren beiden Kolleginnen, mit denen sie nicht immer gut ausgekommen war, servierte sie persönlich Kaffee, in den sie aus einem kleinen Tütchen vermeintlich Zucker hineinrieselte. Besonders herzlich verabschiedete sie sich von der kleinen Tochter, die sie Fritzchen nannte: Sie fütterte sie mit einem in Milch getauchten Biskuit. Dann reiste sie in einer von Gebhardt bezahlten Kutsche ab, vorerst nur bis Bayreuth.

Kaum aber mochte eine halbe Stunde nach ihrer Abreise verflossen sein, so wurde das Kind von gewaltigem Erbrechen befallen und schwer krank. Auch die beiden Mägde, welche von dem Kaffee getrunken hatten, mussten sich einige Stunden später heftig übergeben.[206] Nun glaubte auch Gebhardt nicht mehr an Zufall. Von den beiden Hausangestellten auf das Salzfass aufmerksam gemacht, rief er einen befreundeten Apotheker herbei, damit dieser einen Blick hineinwerfe: Darin befand sich erwartungsgemäß sehr viel Salz – und hineingemischt Arsen. Das Gleiche galt für die große Salztonne, aus der das Küchengefäß aufgefüllt wurde. An einer Urheberschaft der Zwanziger war nicht mehr zu zweifeln. Doch der Justizamtmann Gebhardt unternahm – *unbegreiflicher Weise*[207], wie Feuerbach zu Recht feststellt – erst einmal nichts. Mochte man die Bedenken des Beamten, der immerhin vom Fach war, bei der Entlassung noch damit erklären, dass die Vorwürfe rein auf Indizien beruhten, die noch dazu seiner persönlichen Wahrnehmung von der hilfsbereiten älteren Dame widersprachen, so gibt das angesichts des gefährlichen Zögerns nach der Entdeckung des Arsens im Salzbehältnis bis heute Rätsel auf. Nicht nur, dass durch die Erkenntnisse des Apothekers im Verbund mit der Aussage beider Dienstmägde ein handfester Beweis zutage lag, war seine wenige Monate alte Tochter das jüngste Opfer – und er selbst bereits das zweite Mal binnen kürzester Zeit Ziel eines Giftanschlags geworden, erst am Kegelplatz, nun als potentieller Verbraucher des verseuchten Salzes.

Womöglich irritierte ihn, dass er weiterhin in schöner Regelmäßigkeit Briefe von seiner ehemaligen Angestellten erhielt, in der sie sich nach dem Wohlergehen des Kindes erkundete und unterschwellige Vorwürfe über ihre abrupte Kündigung einfließen ließ. Aufgegeben worden waren diese in Bayreuth, wo die Zwanziger sich bei Gebhardts Schwiegermutter einquartiert hatte, hierdurch unterstreichend, dass sie jeden Moment den Rückruf nach Sanspareil erwartete. Konnte eine Frau so dreist sein, die Gastfreundschaft der Mutter in Anspruch zu nehmen, deren Tochter sie auf dem Gewissen hatte und sich besorgt nach der Gesundheit des Kindes erkundigen, das sie selbst vergiftet hatte? Was Gebhardt letztendlich doch bewog, Ende September – über drei Wochen nach ihrer Abreise – Strafanzeige zu stellen, ist ebenfalls unbekannt. Das mit der Untersuchung beauftragte Gericht in Kulmbach unter Leitung des Stadtgerichtsdirektors Brater handelte umso schneller und sammelte ab Anfang Oktober zahlreiche Zeugenaussagen und weitere Indizien. Dies führte am 18. Oktober 1809 zur Festnahme der Anna Margaretha Zwanziger. Nachdem der erhoffte Rückruf in den Gebhardt'schen Dienst auf sich hatte warten lassen, war sie von Bayreuth aufgebrochen, um ihre Tochter in Mainbernheim zu besuchen, nur um dort von ihrem Schwiegersohn zu erfahren, dass diese wegen Diebstahls im Zuchthaus saß, er sich längst von ihr getrennt hatte und gerade heute seine Hochzeit mit deren Nachfolgerin zu feiern wünsche. Für seine Ex-Schwiegermutter hatte er folglich alles andere als eine offene Tür. Somit reiste sie in ihre Heimatstadt Nürnberg ab, wo die Justizbehörden ihren Kulmbacher Amtskollegen durch die Verhaftung zu Hilfe kamen. Nach ersten Verhören in der Noris wurde sie schließlich nach Oberfranken überstellt.

Sehr kooperativ zeigte sie sich dort nicht. Trotz der zahlreichen Aussagen, der mehr als evidenten Beweise vor allem aus dem Gebhardt'schen Haushalt und der in Auftrag gegebenen Exhumierungen der Leichen der Frauen Glaser und Gebhardt sowie des Amtmannes Grohmann stritt „Nannette Schönleben" jegliche Beteiligung an irgendwelchen Vergiftungen konsequent ab. Die Obduktionsgutachten des sehr akribisch und mit den neuesten Methoden arbeitenden Kulmbacher Stadtphysikus Bachmann würden ausschlaggebend sein, doch deren Abfassung dauerte. Solange biss Brater bei der Inhaftierten auf Granit, deren Zelle sich in der Fronveste befand, in der einst bereits der Baron von Krohnemann seine Strafe abwartete. Eine erste Erschütterung des harten Leugnens brachte das für beide Seiten völlig unerwartete Auftauchen der Tochter im März 1810, die kurz nach ihrer eigenen Entlassung erfahren hatte, dass ihre Mutter hinter Gittern saß, wovon sie sich persönlich überzeugen wollte. Während sich der Untersuchungsrichter erstaunt zeigte, dass überhaupt eine Tochter existierte, war die Verdächtige alles andere als erfreut. Aus gutem Grund: Einerseits flog dadurch ihr falscher Name auf, andererseits damit einhergehend die steckbriefliche Suche nach ihr aufgrund des Diebstahls in Weimar. Diesen räumte sie nun ein.

Den Durchbruch aber brachte Bachmanns Gutachten. Dieser war vorurteilsfrei an die Untersuchung der Leichen herangegangen, weshalb er im Falle des Amtmannes Grohmann zu dem Schluss kam, man sehe sich *genötighet, bei dem völligen Mangel an einem Corpus delicti die Sache in Zweifel zu lassen*[208], zwar deute alles auf eine Arsenvergiftung hin, doch könne

eine mögliche andere Ursache nicht komplett ausgeschlossen werden. Anders jedoch bei den Frauen, bei denen auffallenderweise die Verwesung kaum in Gang gekommen war. Sowohl für die Amtmannsgattin Glaser als auch für die Wöchnerin Gebhardt, *die durch eine verhältnismässig so große Dosis Arsenik vergiftet worden sey, daß sie davon um so mehr habe sterben müssen, je kränklicher, schwächlicher und reitzbarer sie schon vorher war*[209].

Hiermit im Mai 1810 konfrontiert, gab die Zwanziger plötzlich alle Vergiftungen zu, argumentierte aber nach dem bekannten Schema, die meisten als ungewollte Zufälle zu erklären. Lediglich bei einigen der erwähnten Strafaktionen gegen Personen ihres eigenen Standes räumte sie ein, diesen zwar nicht den Tod, aber zur Belehrung eine schmerzhafte Krankheit gewünscht zu haben. All dies brachte nur noch wenig, auch wenn ihr keine dieser Taten zweifelsfrei – und damit gerichtsverwertbar – nachgewiesen werden konnte, blieben der eingestandene Diebstahl in Weimar sowie unwiderlegbar die beiden Morde an den Ehefrauen Glaser und Gebhardt. Damit jedoch war die Zwanziger noch lange nicht am Ende ihrer Verteidigungskünste. Den Tod von Fritzchens Mutter, *wir waren wie ein Paar Schwestern*[210], habe sie sicher nicht gewollt und zum Mord an der Glaser habe sie niemand anderes als der Ehemann selbst angestiftet. Tatsächlich blieb dem Gericht aufgrund dieser Anschuldigung nichts anderes übrig, als den Justizamtmann selbst für einige Tage in Haft zu nehmen. Seine Unschuld stellte sich zwar bald heraus, die Zwanziger beharrte aber noch auf dem Schafott auf dessen Mittäterschaft, wie der entsetzte Untersuchungsrichter notierte.

Zwei Morde ließen nichts anderes als ein Todesurteil erwarten, der Prozess zog sich in die Länge, endete jedoch mit dem vorhersehbaren Ergebnis. Im amtlichen Todesurteil des Bamberger Appellationsgerichts vom 7. Juli 1811 ist zu lesen: *Daß die Anna Margaretha Zwanziger wegen des an der Justiz-Amtmännin Glaser und der k[öniglichen] Amtmännin Gebhardt verübten Todschlags durch Gift mit dem Schwerdte vom Leben zum Tode gerichtet, und sodann ihr Körper wegen den mehrfachen Strafverschärfungsgründen auf das Rad gelegt werden solle*[211]. Der bayerische König, der das Urteil als letzte Instanz gegenzuzeichnen hatte, erließ der Verurteilten das besonders entehrende Rädern, bestätigte jedoch ansonsten den Schuldspruch. Dadurch wurde den Kulmbachern am 17. September 1811 ein weiteres und letztes Mal das zwiespältige Spektakel einer öffentlichen Hinrichtung geboten, nicht mehr draußen auf dem Galgenberg wie noch zu Zeiten Krohnemanns, sondern nun inmitten der Stadt. 350 Soldaten mussten für Ordnung unter der *unermeßlichen Volksmasse*[212] sorgen, die einen Blick auf die grausame Giftmörderin, selbst der Sarg sollte nach der Hinrichtung durch *ein Kommando von 12 Mann*[213] geschützt werden. Ob dieser ganze Aufwand wirklich vonnöten war, ist fraglich, ein aufsehenerregendes Schauspiel bot die Todeskandidatin jedenfalls nicht, es sei denn, man fand ihr Verhalten *größter Gelassenheit, ohne Träne*[214] wunderlich. Reue hatte sie ohnehin nie spüren lassen, einzig ihr Bekenntnis, *ihr Tod sei für die Menschen ein Glück, denn es würde ihr nicht möglich sein, ihre Giftmischereien zu unterlassen*[215], zeugte von etwas Einsicht.

Durch den Abdruck des Todesurteils in den Zeitungen, oft verbunden mit einer kurzen Schilderung des Falles, wurde die Zwanziger über Franken hinaus berühmt, Feuerbachs späteres Buch sorgte für zusätzliche Verbreitung der Geschehnisse. Schon 1839 konnte die Giftmischerin unter anderem für das *Katholische Exempelbuch oder Die Lehre der Kirche in Beispielen aus der Geschichte des Reiches Gottes auf Erden und seines Gegensatzes in der Welt- und Menschengeschichte*, ein Sammelwerk für Priester, um ihre Predigten mit anschaulichen Geschichten zu garnieren, als Warnung fungieren. Der Fall erweckte Abscheu, Sensationslust und bediente ein misogyn angehauchtes Klischee. *Im Fall der Anna Margaretha Zwanziger spiegeln sich viele Motive der Giftmorde bis auf die heutige Zeit wider*[216], schrieb ein Autor noch Mitte der 1960er-Jahre, denn Giftmord galt als die weibliche Tötungsart schlechthin. Deshalb wurden die Morde einer Marie Marguerite de Brinvilliers (1630–1676), einer Sophie Charlotte Elisabeth Ursinus (1760–1836) oder von Zwanzigers Zeitgenossin Gesche Gottfried (1798–1828) immer wieder neu kolportiert. Tatsächlich greifen Frauen bei Mordversuchen immer wieder zu Gift, doch nicht aus unterstellter Perfidie, sondern weil sie in Punkto körperlicher Gewalt zumeist unterlegen sind – insgesamt sind Tötungen durch Frauen ohnehin selten, deshalb umso spektakulärer[217]. Auch die Motivlage ist ja keineswegs so eindeutig, wie das oben genannte Zitat behauptet. Die Interpreten des

Biedermeiers der ersten Hälfte des 19. Jahrhunderts hatten allerdings einen für sie nur zu offensichtlichen Grund für die fehlgeleitete Entwicklung der Zwanziger: *das Lesen elender Romane*[218]. Dies rege in Frauen nur falsche Vorstellungen und romantische Schwärmereien an. Wer nun daraus schließt, die Zwanziger habe sich in die Zeitschriftenromane und Groschenhefte jener Jahre vertieft, sieht sich getäuscht – man erinnere sich, dass ihr Nürnberger Vormund einst auf eine gute Erziehung achtete. Zu ihrer Lieblingslektüre gehörten Goethes *Die Leiden des jungen Werther*, Lessings *Emilia Galotti* und *Pamela* von Samuel Richardson – alles Klassiker der Weltliteratur.

6.

Theologe, Attentäter, Jugendidol: Karl Ludwig Sand (1795–1820)

„… dem Kotzebue das Schwert ins Gekröse stoßen."

In Berlin, Hauptstadt des Königreiches Preußen, ging 1819 die Angst um, wie der Schriftsteller und Diplomat Varnhagen van Ense, dessen Frau Rahel Varnhagen einen der berühmtesten Salons ihrer Zeit unterhielt, berichtete: *Hier wusste man sich auf unsicherem Boden, überall sah man altdeutsche Tracht, die Turner und Burschenschaften waren im ganzen Land ausgebreitet, man wusste, daß es geheime Vereine gab und glaubte sie mächtig und furchtbar; was hinderte, fragten die Ängstlichen, daß plötzlich hundert Mörder aufgeboten würden, sobald die geheimen Oberen den Befehl gäben?*[219] Auch in der südlich gelegenen Residenz Weimar saß ein berühmter Schriftsteller und Minister zu dieser Zeit in seinem Haus und beäugte misstrauisch junge Besucher, die er noch vor Kurzem freudig empfangen hatte.[220] Schuld daran, dass viele Großbürger und Aristokraten sich nicht mehr sicher fühlten und selbst Goethe vor so manchem Verehrer zurückschreckte, war ein junger Mann aus dem oberfränkischen Wunsiedel: Karl Ludwig Sand, der in jenen Tagen längst im Gefängnis saß.

Es waren unruhige Zeiten, in die Karl Ludwig Sand am 5. Oktober 1795 hineingeboren wurde. 1791 hatte der letzte Markgraf von Ansbach-Bayreuth, Alexander, freiwillig auf das Regieren verzichtet und seine Länder an die hohenzollerische Verwandtschaft abgetreten. Damit wurde Wunsiedel preußisch und mit ihm die dortigen Beamten, darunter der Justizrat Gottfried Christoph Sand, Vater von zwei Töchtern und drei Söhnen, von denen Karl Ludwig der jüngste war. Es sollte nicht der letzte Herrschaftswechsel für die Stadt und die Familie werden und nicht alle verliefen so glimpflich, zeitweise verlor der Vater hierdurch seine Stellung. Glücklicherweise besaß seine Frau Johanna Wilhelmina ein Hammerwerk in Markredwitz, welches sie geerbt und selbstständig wiederaufgebaut hatte; die Sands lebten folglich nicht in Armut, gerieten jedoch hin und wieder in finanzielle Bedrängnis, insbesondere während der französischen Besatzungszeit.

Karl Ludwig war ein kränkliches Kind, das eine schwere Krankheit – die Blattern – zwar nach langwierigem Kampf überstand, dadurch aber in seiner Entwicklung weit zurückgeworfen wurde. Mühsam musste er nachholen, was seine Altersgenossen und Geschwister zwischenzeitlich längst gelernt hatten – er war durchaus ein kluger Kopf, doch alles andere als spontan, er zögerte und musste sich seine Gedanken, aber auch den Lernstoff oft durch stundenlangen Fleiß abringen. Er war sehr ernst, *ein stiller Mensch im Hintergrund, verschlossen und brütend, und wenn er auffiel, dann wegen seiner außerordentlichen Humorlosigkeit, aber*

Karl Ludwig Sand.

auch ein zuverlässiger Kamerad, wenn man einen brauchte.[221] Mit Verspätung kam er in Wunsiedel auf die Schule, von dort wechselte er ans Gymnasium nach Hof. Während Napoleon vorbeizog und die Stadt besuchte, reiste Sand rechtzeitig ab ins heimische Wunsiedel. Dem französischen Kaiser, den er nach eigenen Worten als Unterdrücker empfand, mochte er nicht begegnen; es zeigte sich bereits ein Zug zum Absoluten: Für den jungen Schüler gibt es keine Grautöne, nur ein Entweder-oder, Napoleon in der Stadt oder ich.

Als der Rektor des Gymnasiums, Saalfrank, der großen Einfluss auf Sand hatte, versetzt wurde, folgte dieser ihm nach Regensburg, wo er einerseits den Entschluss fasste, Theologie zu studieren, was den Eltern gefallen haben dürfte, doch andererseits sein patriotisches Gefühl immer mehr hin zum einseitigen Nationalismus verstärkte, was den Eltern weniger Freude gemacht haben dürfte. Nicht, weil ihnen diese Vaterlandsliebe übertrieben schien – sie entsprach dem Zeitgeist – sondern weil Sand immer mehr dazu drängte, sich dem Kampf gegen Napoleon anzuschließen. Besonders unter der studentischen Jugend fanden sich viele Freiwillige, doch Sand war zu dieser Zeit erst 18 Jahre alt und noch nicht einmal an einer Universität eingeschrieben – es war unwahrscheinlich, dass seine Eltern den Eintritt in die Armee erlauben würden. Die Völkerschlacht bei Leipzig 1813 beendete das familiäre Problem, doch Sand war tief enttäuscht: Aus seiner Sicht hatte er keinen Beitrag zur Vertreibung des Tyrannen geleistet. Immerhin erlaubten ihm die Eltern die Aufnahme des Studiums.

Endlich Student, entschied sich Sand für Tübingen als Hochschulort – ein Fehler, ihm als bayerischem Staatsbürger war es nicht erlaubt, eine Universität außerhalb des Landes zu besuchen, und Tübingen lag im Königreich Württemberg. Folglich war er gezwungen, die schwäbische Universität zu verlassen. Bevor er nach Erlangen übersiedelte, tat sich eine unerwartete Perspektive auf: Napoleon war zurückgekehrt! Sand war nun zwanzig, alt genug, wie er fand, seine Eltern weihte er vorsichtshalber nicht in seine Pläne ein. Er schloss sich der bayerischen Armee an, die sich in Mannheim sammelte, und zog endlich nach Frankreich gegen seinen großen Widersacher – doch der wurde erneut vorher geschlagen. Zwar hatte es der junge Student bis ins Nachbarland geschafft, doch nahm er an keinem Gefecht teil. Mehr als die vermeintliche Ehre, an dem Feldzug teilgenommen zu haben, war wieder nicht herausgesprungen. Gegenüber vielen älteren, kampferprobten Kommilitonen empfand Sand dies als beschämendes Defizit. Der französische Kaiser war endgültig geschlagen, der junge Oberfranke kehrte nach Erlangen zurück, angefüllt mit noch mehr Tyrannenhass und Deutschtümelei.

Dies waren auch die Zutaten für die aufstrebenden universitären Burschenschaften, diese teilten sich nach den Befreiungskriegen in zwei konkurrierende Bewegungen. In Erlangen herrschten noch die traditionellen nach Landsmannschaften organisierten Vereinigungen vor, deren Zweck eher das spätpubertäre Ausleben der studentischen Freiheiten war: Kameradschaft, Alkohol, Raufereien. Sand trat der *Franconia* bei, die er im Sinne der in Jena gegründeten Allgemeinen Deutschen Burschenschaft, der neuen Richtung, von innen heraus verändern wollte[222]. Dass Beharren auf den Idealen Ehre, Vaterland und Freiheit, die Sehnsucht nach Einheit, für welche die Studenten eine Avantgarde sein sollten, das Politisieren und die Liebe zum Turnen kamen allerdings bei vielen Kommilitonen nicht gut an, Sand blitzte mit seinem Infiltrationsversuch schroff ab. Verärgert über diese *Rotte von Teufeln*[223] trat er aus der *Franconia* aus und versuchte nun selbst, eine Burschenschaft zu gründen, gewann hierfür zwar nur wenige Anhänger, jedoch die offene Feindschaft der anderen Burschenschaftler. Entmutigt war er dadurch keineswegs, die Gruppe war klein, kaum zwanzig Leute stark, doch dafür umso kompakter, Sand spielte eine führende Rolle, hoffte auf baldigen Durchbruch durch Überzeugung. Dazu kam es nicht. Ein sorgfältig organisiertes kleines Rütli-Fest auf einem Hügel bei Erlangen, wo Sand eine Rede hielt und man sich verbrüderte, war der Höhepunkt der stets überschaubar gebliebenen Gemeinschaft. Die hehren Ansprüche, die Sand in pathetischen Worten formulierte, stießen auf taube Ohren und er schien zunehmend zu resignieren. Dazu trug auch bei, dass sein bester Freund in jenen Tagen beim Baden vor seinen Augen ertrank. Sand stand hilflos am Ufer, er hatte nie zu schwimmen gelernt.

Obwohl sich die Lage an der Universität etwas beruhigte, strebte Sand von Erlangen weg, er sah seine Aufgabe dort mit der Gründung der Filiale der Deutschen Burschenschaft erledigt, die zwar nicht gerade blühte, aber sich schließlich auf kleinem Niveau langsam etablierte.

Während seiner Aufenthalte im heimatlichen Wunsiedel machte er sich Gedanken über die Zukunft Deutschlands – und die Rolle, die er hierbei zu spielen hatte. Zeit genug hatte er, schließlich gab es hier im Fichtelgebirge wenig Ablenkung. 1816 sah er sich im örtlichen Theater ein Unterhaltungsstück an, Autor war ein gewisser August von Kotzebue, Sand hatte die Vorstellung gefallen, wie sein Tagebuch verrät.[224] Er beschloss, da dies nun möglich war, nach Jena zu wechseln, der Universität schlechthin für die altdeutsche Studentenschaft, an der die liberale Regierung des Großherzogs von Weimar und seines Ministers Goethe mehr Freiheiten erlaubte als sonstwo. Dies zog nicht nur zahlreiche junge Burschen nach Thüringen, sondern auch führende intellektuelle Köpfe unter den Professoren. Dazu lebte vor Ort die Publizistik, da die Verfassung Pressefreiheit garantierte, als einzige auf deutschem Gebiet. All dies wollte sich Sand zunutze machen, hatte er doch in Erlangen seine Führungsqualitäten bereits bewiesen. Und so machte er sich daran, ein Programm für die Reform Deutschlands zu entwerfen, welches die Einheit des Vaterlandes, den Zusammenschluss aller Religionen und die Bekämpfung jeden Feindes umfasste – keine außergewöhnlichen Forderungen, zumindest unter seinesgleichen; *ein merkwürdiges Gemisch von lutherischen Glaubenssätzen, Mittelalterschwärmerei, demokratischen Gleichheitsideen und vaterländischen Bekenntnissen*[225], geschrieben in einer recht pathetisch-schwülstigen, teils wirren Sprache, die selbst für damalige Leser nur schwer nachzuvollziehen war.

Sand gab sein Manifest in Druck, einen geeigneten Ort für dessen Verbreitung, von ihm selbst vorgenommen, hatte er schon im Visier. Zum 18. Oktober 1817, der Tag erinnerte an die Völkerschlacht bei Leipzig, das Jahr an den Thesenanschlag Luthers in Wittenberg, versammelten sich Burschenschaftler aus allen Teilen des deutschsprachigen Gebietes auf der Wartburg – die national gesinnten Studenten erschienen in der Tracht, die auch Sand seit Jahren trug: im altdeutschen Rock nach dem Vorbild des Spätmittelalters, dazu ein Schillerkragen, die Haare mindestens schulterlang. So demonstrierte man schon nach außen seine Haltung und wurde zum Schreckbild des Spießbürgers. Den Löwenanteil an Studenten, die Richtung Eisenach aufbrachen, stellte Jena, von wo aus sich auch einige Professoren einfanden. Das Wartburgfest war ein diszipliniertes Unternehmen: Es wurde Gottesdienst und zahlreiche Reden gehalten, gemeinsam gegessen und viel diskutiert. Sand dürfte sich unter so vielen Gesinnungsgenossen wohlgefühlt haben, nur mit einem war er nicht sehr erfolgreich: Seine Broschüre verteilte er zwar eifrig, er bemerkte jedoch auch, dass seine Kommilitonen kaum einen Blick hineinwarfen. Er war hier nur noch ein Mitglied der Deutschen Burschenschaft unter vielen, anders als in Erlangen war deren Zahl in Jena stattlich, Sand ein akzeptierter Mitkämpfer, dem man auch wichtige Aufgaben anvertraute, aber er war kein Wortführer mehr, was er nach außen hin zu akzeptieren schien. Jedenfalls agierte er eher unauffällig während seiner Semester in Jena.

Während die Hauptfestivitäten bereits beendet waren, veranstalteten einige Burschenschafter am Abend auf einem Berg bei Eisenach noch eine zusätzliche Aktion, an der Sand als Zuschauer teilnahm. Eine ungute Tradition begründend, hatte man sich entschlossen, die Abzeichen und vor allem die Bücher von als Feinden wahrgenommenen Institutionen und Personen zu verbrennen. Dass hierzu ein Korporalstock und eine Ulanenuniform als Verkörperung der Handlanger der fürstlichen Unterdrücker gehörten, war nachvollziehbar. Dass Napoleons fortschrittliches Gesetzbuch mit ins Feuer flog, war ein Zeichen einseitigen Franzosenhasses, doch Sand wunderte sich erst, als ein ihm vertrauter Name erwähnt wurde. Ein Student übergab die *Deutsche Geschichte* des August von Kotzebue den Flammen. Kotzebue? Ob sich Sand daran erinnerte, ein Stück dieses Mannes im Jahr zuvor im Wunsiedeler Theater gesehen zu haben, ist nicht klar, doch hatte er bislang geglaubt, der Mann stünde auf ihrer Seite, hatte er doch zu Besatzungszeiten in einer von ihm geleiteten Zeitschrift heftig gegen Napoleon und die Franzosen polemisiert.

Was also hatte es auf sich mit diesem August von Kotzebue, der aus dem nahe gelegenen Weimar stammte, wo er 1761 zur Welt gekommen war? Genau genommen war es mehr als erstaunlich, dass Sand nur wenig wusste über seinen Zeitgenossen, denn dieser war einer der berühmtesten Theaterautoren und Publizisten jener Tage – seine Stücke beherrschten die Bühnen von Madrid über London, Wien und Paris bis Sankt Petersburg, aber eben auch in Wunsiedel oder Weimar, wo an Schriftstellern wahrlich kein Mangel war. Er schlug sie alle. Der Direktor des Nationaltheaters war niemand anderes als Goethe selbst, der die hohe Kunst des Dramas förderte. Aber um Besucher ins Theater zu locken, musste er Kotzebue bieten. Der servierte, was das Publikum begehrte, Unterhaltung reinsten Wassers. Darunter waren zwar durchaus gelegentlich bemerkenswerte Stücke, etwa die noch immer sehr amüsanten *Deutschen Kleinstädter*, doch sonst waren Kotzebues unaufhaltsam ausgeworfenen Produktionen meist mehr Masse als Klasse – damals fulminante Bühnenreißer, schon wenige Jahre danach völlig vergessen. Er hatte ein Talent für Effekte, wusste sein Publikum zu lenken und vor allem zu rühren, verließ aber nie ein durchschnittliches Niveau, eher schon unterschritt er es.

1788 war Kotzebue mit *Menschenhass und Reue* der internationale Durchbruch gelungen, doch eines erreichte er nie, die Anerkennung der großen Kollegen in Weimar, dort gaben Goethe, Schiller, Herder und Wieland den Ton an. Später kamen in Jena noch die Frühromantiker hinzu, die Gebrüder Schlegel und Ludwig Tieck. Die wurden zwar nur von einer intellektuellen Minderheit gelesen, bestimmten aber das kulturelle Leben. Kotzebue suchte die Anerkennung in seiner Geburtsstadt, die man ihm dort – hauptsächlich auf Betreiben Goethes – so demütigend verweigerte. Dabei zog Kotzebue alle Register, die ihm zur Verfügung standen, von Schmeichelei über satirische Beleidigungen bis hin zu Intrigen, um etwa die Freundschaft zwischen Schiller und Goethe in Misskredit zu bringen. Vergeblich. Mehrfach kehrte er von diversen Auslandsaufenthalten nach Weimar zurück, jedes Mal verschwand er wieder nach einiger Zeit, verachtet von den Geistesgrößen.

Auch 1817, zu Zeiten des Wartburgfestes, verweilte der Dichter wieder an der Ilm. Die literarische Fehde zwischen den Schriftstellern, öffentlich ausgetragen, wird Sand nicht interessiert haben. Er hatte selbst, das gehörte quasi zum Pflichtprogramm, dem Minister Goethe einst seine Aufwartung gemacht – ob dieser sich später erinnerte, dass eben jener Student, der für seine spätere Furcht verantwortlich war, ihn tatsächlich aufgesucht hatte, ist nicht bekannt. Folgen hatte der Besuch nicht, Sand bevorzugte Theodor Körner, den bereits verstorbenen Star seiner Generation. Von Schiller wird er die Verse übernommen haben, die seiner Ideologie entsprachen, doch schon seinen Wunsiedeler Landsmann Jean Paul hatte er nie gelesen. Kotzebues Ausfälle gegen die Weimarer Klassiker, die Jenaer und Berliner Frühromantiker mögen Sands plötzlich aufkeimende Abneigung gegen den Dichter bestätigt, aber sicher nicht ausgelöst haben.

Durch seine Bühnenstücke und Zeitschriften war er allseits bekannt, durch seine Angriffe auf Kollegen und andere Gegner unbeliebt, durch seine Arbeit für die reaktionären Herrscher, insbesondere Russland, den Fortschrittlichen mehr als verdächtig. Dass er gegen Napoleon gewettert hatte, geschah nicht aus Sympathie mit den liberalen Vorstellungen der Professoren oder den nationalen und teils republikanischen Ideen der Studenten. Im Gegenteil, wieder aus Russland zurück, verpflichtete er sich, an den Sankt Petersburger Hof regelmäßig diplomatische Berichte über die Lage in Deutschland zu senden. Das war nicht ungewöhnlich und auch nicht subversiv im Sinne einer Spionage, ließ ihn gleichwohl in den Augen vieler zusätzlich als Landesverräter erscheinen. All dies wird auch Sand bewusst geworden sein, nachdem er sich genauer umgehört hatte. Im November 1817 schrieb er in seinem Tagebuch von einer *giftigen Schimpferei von Kotzebue*[226] gegen die Studenten. Er hatte seinen Gegner gefunden. Das folgende Jahr verbrachte Sand neben dem Theologiestudium damit, seinen Hass zu nähren. Keineswegs ein Außenseiter, hatte er Zugang zu den Burschenschaften, unter diesen waren einige wenige Freunde, was wohl an seinem eher strengen Wesen lag, das an vielem keinen Gefallen fand, was die Jugend beeindruckt. Frauengeschichten kamen in Sands Leben nicht vor. Was ihm fehlte, war die Möglichkeit, sich auszuzeichnen unter den vielen Gleichgesinnten. Einst in Erlangen konnte man als deutscher Burschenschaftler noch den Revoluzzer markieren und allein durch seine Kleidung die Spießer schrecken – hier in Jena liefen Hunderte so herum. Und so entwickelte Sand seinen persönlichen Plan, heimlich, still und leise, um das Vorhaben nicht zu gefährden, aber auch um einen umso größeren Überraschungseffekt zu erzielen.

Wer hat ihn so beeinflusst, dass aus dem Schaf ein Wolf werden konnte?[227], lässt Tilman Röhrig in seinem Roman einen der Untersuchungsrichter fragen. Sicher gab es viele Studenten, die als radikal erachtete Parolen schwangen, aber nur einer von ihnen Schritt zur Tat, ein Theologiestudent, der selbst schon probehalber in der Kirche hatte predigen dürfen. Neben den bereits genannten Professoren hatten zwei Personen starken Einfluss auf Sand, ohne ihn direkt angeleitet zu haben. Auf einer Berlin-Reise besuchte der junge Oberfranke mehr oder weniger nur eine „Sehenswürdigkeit“: Turnvater Friedrich Ludwig Jahn. Über die Stadt selbst konnte er nach seiner Rückkehr so gut wie nichts berichten, doch der Mann, der das Turnen als Pflicht eines jungen Deutschen predigte, die Sprache von allen Fremdwörtern reinigen wollte und Frankreich abgrundtief hasste, hatte Sand schwer beeindruckt. Sein eigentlicher Mentor jedoch wurde ein neuer Dozent in Jena, der aufgrund seiner Ansichten von der Universität Gießen verwiesen worden war: Karl Follen, altertümelnd auch Follenius genannt. Dieser gründete innerhalb der Deutschen Burschenschaft eine elitäre und wesentlich radikalere Untergruppe, die „Unbedingten“ oder „Schwarzen“. Hier wurden die Forderungen der Studenten noch einmal überspitzt – und vor allem erlaubte Follen, gelernter Jurist, Gewalt als Mittel zur Durchsetzung, *wenn sie der tiefen, sittlichen Überzeugung des Täters entspringe*[228].

Der Wunsiedler war, es wurde eingangs erwähnt, seit Kindertagen ein langsamer Grübler. Er brauchte ein ganzes Jahr, um sich zu seinem Vorhaben durchzuringen, fleißig führte er Tagebuch, in dem er sich immer wieder fragte, ob er berechtigt sei, solch eine Tat zu vollbringen – am Ende schien ihm das Ergebnis klar. Er trug am 31. Dezember 1818 ein: *Soll es etwas werden mit unserm Streben, soll die Sache der Menschheit aufkommen in unserm Vaterlande, soll in dieser wichtigen Zeit nicht alles wieder vergessen werden und die Begeisterung wieder aufleben im Lande, so muß der Schlechte, der Verräter und Verführer der Jugend A.v.K. nieder – dies habe ich erkannt. – Bis ich dies ausgeführt habe, habe ich nimmer Ruhe, und was soll mich trösten, bis ich weiß, daß ich mit ehrlichem Willen mein Leben darangesetzt habe?*[229] Für den Wunsch, den er erbost ein halbes Jahr zuvor im Mai geäußert hatte, *so denke ich oft, es sollte doch einer mutig über sich nehmen, dem Kotzebue oder sonst einem solchen Landesverräter das Schwert ins Gekröse zu stoßen*[230], hatte er nun den richtigen Mann gefunden: sich selbst.

Das Verhalten seines Widersachers konnte ihn in dieser zunehmenden Radikalisierung nur bestätigen. Im Verlaufe des Jahres 1818 gab es zwei größere Skandale um den Dichter, der gerade wieder einmal eine neue Zeitschrift herausgab, das *Literarische Wochenblatt*, die Lieblingslektüre des Kanzlers Metternich, des Architekten der reaktionären Nachkriegsordnung. Schwerwiegender war allerdings, dass einer der Berichte Kotzebues an den Zaren durch einen der auf der Seite der Studenten stehenden Professoren, Heinrich Luden, in Auszügen veröffentlicht wurde. Dagegen ging Kotzebue gerichtlich vor, doch verstärkte dies nur den Effekt, einerseits als Handlanger des Zaren, andererseits als Feind der Jenaer Professoren und ihrer Studenten zu gelten. Noch gravierender war das Erscheinen einer Schrift im direkten Auftrag des Zaren durch einen gewissen Alexander Stourdza, russischer Staatsrat wie Kotzebue. *Neben abfälligen Urteilen über die Deutschen im allgemeinen bezeichnet Stourdza die Universitäten als gotische Trümmer des Mittelalters, als Aufbewahrungsstätte aller Irrtümer des Jahrhunderts, als Pflanzstätten revolutionären Geistes. Akademische Freiheit und Burschenschaft werden als gefährlich und zuchtlos denunziert.*[231] Der Aufschrei war groß, nachdem die Öffentlichkeit trotz Geheimhaltung hiervon erfahren hatte. Nicht nur die Studenten, auch die liberalen Intellektuellen verurteilten den Bericht – bis auf Kotzebue, der wiegelte ab. Es handle sich um ein amtliches – da im Auftrag des Zaren erstelltes – Dokument, darüber habe der einfache Bürger kein Recht zu urteilen; im Übrigen könne er keinem Vater empfehlen, seine Söhne auf die Universitäten zu schicken, wo sie mit allerlei Unfug nur verdorben statt zu braven Untertanen ausgebildet würden.

Der Mörder ist in seinen tiefsten Gedanken ein Gott. In seiner Einbildung beherrscht er das Szenario und entscheidet über den Verlauf, und alles wird sich so abspielen, wie er es will. Seine Einbildung kreist darum, was er mit dem Leben eines anderen machen kann.[232] Dies gilt auch für Sand, der seit dem Entschluss, Kotzebue zu ermorden, dessen Leben in der Hand hielt, sein zukünftiges Opfer war ihm in Gedanken bereits ausgeliefert, ohne dies zu wissen. Dass dies nur eine eingebildete Macht war, zeigte sich schon daran, wie sehr das Szenario des auch hier sehr langsam vorgehenden Sand durch sein Opfer bestimmt wurde.

Problem eins: Kotzebue war die Streitereien und die Missachtung in seiner Geburtsstadt wieder einmal leid und entschloss sich noch Ende 1818, diese zu verlassen. Freundliche Aufnahme fand er im badischen Mannheim, wo es noch keine Universität und somit Burschenschaftler gab, weit genug von Weimar und Jena entfernt. Für Sand war dies ungünstig, nun wurde eine längere Reise nötig, dazu brauchte er zusätzlich Geld. Außerdem gehörte zur Verschleierung seines Vorhabens auch, die Miete seiner Wohnung bereits für das nächste Semester zu zahlen. Von der Familie, die ihn unterstützte, wollte er sich nichts leihen, doch fand er in Jena einen Geldgeber, dem er natürlich nicht verriet, wofür er diese Aufbesserung seiner Finanzen benötigte. Es war Karl Follen, der Sand mit einem ansehnlichen Betrag aushalf. Dieser hatte weiterhin keine große Eile, das Semester ging dem Ende zu, auf seine Studienkollegen machte Sand keinen besonders nervösen Eindruck. Plötzlich tauchte Ende Februar das Gerücht auf, Kotzebue wolle sich endgültig nach Russland auf seine Güter zurückziehen, fort von den ständigen Querelen um seine Person. Eine Reise nach Mannheim war noch machbar, doch Russland dagegen war für Sand völlig außer Reichweite. Zwar war dies nur eine Zeitungsente, aber für den zukünftigen Mörder das Signal, endlich aufzubrechen.

Das zweite Problem bestand in der Frage, welche Methode zu wählen sei. Sand hatte kurz in der Armee gedient. Wenn er auch nie zu einem ernsthaften Kampfeinsatz kam, so hatte er doch hiermit wenigstens eine militärische Grundausbildung, gegenüber seinem noch dazu deutlich älteren Gegner gewiss ein Vorteil. Wirklich zunutze machen hätte er sich dies aber nur beim Gebrauch einer Schusswaffe machen können – dies war jedoch damals noch viel zu unsicher. Seit der Antike war die Waffe des Attentäters der Dolch. Noch wenige Jahre zuvor hatte der von vielen Studenten bewunderte 18-jährige Friedrich Staps in Wien versucht, Napoleon zu erstechen, was misslang. Sand dürfte den Fall gekannt haben. Einst in Erlangen hatte er bereits ein Messer gekauft, für die große Tat ließ er sich zusätzlich eine besondere Waffe anfertigen. Den Dolch mit einer über 20 Zentimeter langen Klinge, auf die er versuchte, einen Vers Körners einzugravieren, nannte er nicht zu Unrecht sein kleines Schwert. Beide Waffen waren handlich genug, um sie unbemerkt am Körper unter der Kleidung tragen zu können.

Problem drei: Sand wollte gründlich und schnell vorgehen, schließlich dachte er an eine anschließende Flucht. Es empfahl sich folglich, sein Opfer möglichst sofort außer Gefecht zu setzen und dabei wenig Aufhebens zu machen. Genaueres Wissen über die menschliche Anatomie war damals auch unter gebildeten Menschen eine Seltenheit, die Vorstellungen über die Lage des menschlichen Herzens waren bestenfalls diffus. Sand verschaffte sich grundlegendere Kenntnis, schließlich war er hier in einer Universitätsstadt, was ihm die Möglichkeit bot, eine medizinische Vorlesung über Anatomie zu besuchen. Eine ihm brauchbar erscheinende Methode des Zustechens fand er ebenfalls. Als ihn sein guter Freund Asmis in seinem Studierzimmer besuchte, sprang Sand unvermittelt auf, nahm einen Holzstock zur Hand und schwang ihn in Richtung des Kopfes seines Kommilitonen – der nahm schützend die Hände vor das Gesicht. Sand war zufrieden: So müsse man es machen, erklärte er, auf das Gesicht zielen, wodurch der Gegner die Hände hochreißt und damit die Brust freigibt. Asmis kam dies nicht verdächtig vor, er tat es als eine von Sands gelegentlich vorkommenden Verrücktheiten ab.

Problem vier war Sand selbst. Trotz aller akribischen Vorbereitungen und stetigen Selbstversicherungen war er nie frei von Zweifeln. *Theils musste ich bei mir den natürlichen Abscheu zur Verübung einer solchen That bekämpfen, theils kam mir auch manchmal der Gedanke, daß ich zu etwas Besserem werth und geschickt sey, wegen meiner Gemüthsbeschaffenheit und meiner bereits erlangten Bildung. Auch habe ich auf einen Dritten gewartet, denn ich hatte so gut das Recht, auf ihn zu warten, als ein Dritter auf mich*[233], bekannte Sand später im Verhör. *Oft habe ich gedacht, Du könntest doch ruhig fortleben wenn ein Dritter die That unternähme*[234], doch zeigte sich dieser dritte Mann, der ihm die Bürde abnehmen sollte, nirgends. Je mehr sich die Pläne zur Ermordung Kotzebues konkretisierten und je näher er dem Abschluss seiner Vorbereitungen kam, desto zwiespältiger wurde Sands Handeln in Hinsicht auf die Vollendung seiner Absicht. Er agierte so doppelbödig, dass ein Teil von ihm zu sabotieren schien, was der andere Teil umso entschlossener war, in die Tat umzusetzen.

Soll nicht die Geschichte unserer Tage mit ewiger Schmach behaftet sein, – so muß er nieder[235], schrieb Sand in einem der zahlreichen Briefe und Erklärungen, die er, eine weitere Verzögerung, ab Anfang März verfasste – in diesem Fall entstammt der Satz einem Schreiben an die Familie in Wunsiedel, in dem er einerseits Abschied nahm, andererseits seine Tat rechtfertigte, wie er dies auch in einem Brief an Jenaer Freunde tat, den er Asmis übergeben mochte. Darin hieß es: *Nun gehe ich hin, um diese Brandfackel ins ruhige Leben zu schleudern*[236]. Damit würde er seine Gesinnungsfreunde später in arge Kalamitäten bringen, obwohl er in einem weiteren Schreiben, um das Gegenteil zu erreichen, seinen Austritt aus der Burschenschaft erklärte. Das für ihn – neben dem Brief an die Familie – wichtigste Schriftstück ist allerdings sein Bekennerschreiben mit dem vielsagenden Titel *Todesstoß dem August von Kotzebue*, an dem er wochenlang herumfeilte und von dem er mehrere Kopien anfertigte. Eine hiervon wollte er in Mannheim nach vollendeter Tat spektakulär an eine Tür mit einem seiner Dolche anheften. Inhaltlich war dieses Manifest wiederum ein typisches wirres Pamphlet gegen den *Verderber und Verräther meines Volkes – August von Kotzebue*[237], dessen Tod die Vollendung der Reformation und die Freiheit Deutschlands bringen solle. Außerdem hatte Sand noch drei Bekenntnisschreiben für Zeitschriften in Bremen, Speyer und Bamberg verfasst, die diese drucken sollten, sobald sie vom Tod des Dichters hörten. Eine seltsame Idee – bestand doch die große Gefahr, dass die Redakteure vorher den Behörden Bescheid gaben. Doch schickte der Student die Briefe ohnehin nie ab. Auch hieran lässt sich das ambivalente Verhalten erkennen, welches sich des Weiteren in dem Umstand manifestierte, dass Sand einen Teil der Schriften in seiner Wohnung offen herumliegen ließ, darunter ein Exemplar des *Todesstoßes*. Wiederum beschwor er damit bewusst oder unbewusst die Gefahr herauf, dass etwa seine Hauswirtin die Texte beim Putzen zufällig – und rechtzeitig – entdeckte.

Denn inzwischen war Sand abgereist, die Falschmeldung von den Plänen Kotzebues, nach Russland auszuwandern, hatte ihn zum unwiderruflichen Antritt der Fahrt nach Mannheim genötigt. Genaugenommen war nun Eile geboten, da er nicht wissen konnte, dass der Staatsrat keineswegs in Kürze das Land verlassen würde. Sand reiste am 9. März 1819 in Jena ab – zu Fuß war es bis an den Rhein in etwa sechs, mit der Postkutsche in gut vier Tagen zu schaffen. Am Vorabend hatte er sich ruhig von seinen Freunden verabschiedet, denen er eine Reise ins heimatliche Fichtelgebirge ankündigte. Stattdessen begab er sich, nur mit einem Tornister versehen, zu Fuß nach Erfurt. Dort reiste er erst zwei Tage später weiter, nahm nun die schnel-

Die Ermordung des Staatsrates von Kotzebue.

lere Kutsche, hielt aber zwischendurch, um noch einmal die Wartburg zu besichtigen. Am 14. März war er in Frankfurt am Main, schon recht nahe am Ziel. Wieder hatte er es nicht eilig, erst drei Tage später überwand er die kurze Strecke bis Darmstadt – um dort noch einmal fünf Tage zu verbummeln. Erst am 22. März brach er auf und war nachmittags in Lorsch, wo er eine Kutsche ins nicht mehr weit entfernte Mannheim bestellte, doch wollte er erst am nächsten Morgen aufbrechen. Inzwischen hatte er seinen Tornister an einen Freund abgegeben, der ihn kurz begleitet und ihm auch die langen Haare abgeschnitten hatte, die ihn für jeden schon von Weitem als Studenten hätten erkennen lassen. Behalten hatte Sand seine beiden Dolche.

Am Morgen des 23. März traf er endlich in Mannheim ein – nach vierzehn Tagen Anreise. Immerhin handelte er nun schneller. Nachdem er sich im „Gasthof zum Weinberg" einlogiert hatte, beauftragte er einen Lohndiener, ihn zum Hause Kotzebues zu führen. Es war gegen zehn Uhr vormittags. Sand stellte sich der Magd, die ihn bei Kotzebue empfing, als Heinrichs aus Mietau vor, einer Stadt im russisch besetzten Baltikum, klug gewählt, denn er glaubte, so eher Einlass zu finden, da der Staatsrat eng mit dieser Gegend verbunden war. Das war nicht verkehrt – doch der Hausherr war nicht anwesend. Sand, darauf vertröstet, gegen 17 Uhr bessere Chancen zu haben, eilte dem bereits fortgeschickten Lohndiener hinterher und ließ sich von ihm die Sehenswürdigkeiten der Stadt zeigen. Anschließend ging er in den Gasthof, aß zu Mittag und unterhielt sich bestens mit zwei zukünftigen Kollegen, lutherischen Pastoren, über die Reformation. Gegen fünf Uhr am Nachmittag brach er erneut auf.

Diesmal war das Glück auf Sands, das Pech auf Kotzebues Seite. Nachdem er sich ein weiteres Mal als Durchreisender aus Mietau vorgestellt hatte, wurde er von einem Diener zu dem Dichter hinaufgeführt und nach kurzer Anmeldung vorgelassen. Vermutlich nach einleitender höflicher Nachfrage, was ihn denn aus dem fernen Mietau hierherführe, antwortete Sand: *Ich rühme mich.* In einer kurzen Kunstpause seinen Dolch aus dem Ärmel ziehend, sagte er: *Ihrer gar nicht – hier, Du Verräther des Vaterlandes!*[238] Getreu dem eingeübten Muster stach er Kotzebue zuerst ins Gesicht, allerdings viel zu heftig. Die Klinge blieb im Oberkiefer stecken. Sand zog sie heraus und zielte nun auf die Brust, seine Stiche waren tödlich, Kotzebue in den kurzen Momenten zu geschockt, um zu reagieren oder zu schreien. Sands Plan war ab diesem Moment diffus, er musste noch irgendwo sein Manifest an die Tür schlagen, dann möglichst schnell verschwinden – Vorkehrungen zu seiner Flucht hatte er jedoch nicht getroffen. Welchen Plan auch immer er hatte, er fiel in dem Moment wie ein Kartenhaus zusammen, als er sich zum Gehen wandte: In der Tür stand Kotzebues vier Jahre alter Sohn, der nach anfänglicher Verwunderung zu schluchzen begann.

Sand, hiervon verwirrt, reagierte kopflos – den Dolch, den er noch immer in der Hand hatte, stieß er sich selbst in die Brust, doch nicht tief genug. Bedienstete und Familienmitglieder strömten in das Zimmer und kümmerten sich um den sterbenden Kotzebue, Sand, unbeachtet, zog die Waffe aus seiner Brust und suchte das Haus zu verlassen. Dafür war es zu spät, oben aus den Fenstern des Hauses wurde bereits die Ermordung Kotzebues hinausgerufen. Einem weiteren Diener, der durch die Tür kam, um zu helfen, drückte Sand sein Manifest in die Hand, dann lief er auf den Platz vor dem Gebäude und stieß sich ein weiteres Mal den Dolch in die Brust – dieses Mal mit deutlich mehr Kraft. Er brach blutend zusammen, umgeben von einer konsternierten Menge herbeigelaufener Zuschauer.

Kotzebue war tot, Sand kurz davor selbst zu sterben – doch schnelle Hilfe durch auf dem Platz Anwesende und der rasche Transport ins Spital retteten dem Schwerverletzten das Leben. Vorerst. Aufgrund seiner Verwundung sammelten sich Blut und Eiter in der Brusthöhle, durch neuartige medizinische Eingriffe konnte er gerettet, aber nicht auf Dauer geheilt werden, Beschwerden und Einschränkungen blieben. Gleichwohl wurde er nach einigen Wochen vom Spital ins Gefängnis verlegt, wo er es allerdings im Vergleich zu Mitgefangenen geradezu komfortabel hatte. An seiner Schuld bestand kein Zweifel, von den zahlreichen Zeu-

Karl Ludwig Sand versucht, sich selbst zu töten.

gen abgesehen, gab es die Bekenntnisschriften und einen freimütig geständigen Täter, der für seine Tat noch dazu keinerlei Reue zeigte. *In starrer Selbsttäuschung verharrte er dabei, den Mord als eine Pflicht gegen sein deutsches Vaterland, als eine tugendhafte und gottgefällige Handlung zu betrachten*[239] – wohlwissend, dass es für ihn nur eine Strafe geben könnte: die Hinrichtung. Es erscheint auf den ersten Blick absurd, dass die Behörden sich so sehr um das Leben des Gefangenen sorgten, nur um ihn hinrichten zu lassen, doch gab es aus ihrer Sicht hierfür zwei maßgebliche Gründe. Erstens entsprach es dem allgemeinen Rechtsverständnis, dass der Täter angemessen und als eine Art Ausgleich für sein Verbrechen bestraft wird. Durch einen gelungenen Selbstmord hätte sich Sand der Verurteilung entzogen. Hinzu kam, dass ein Kranker nicht öffentlich enthauptet werden konnte – darum war es notwendig, ihn wieder halbwegs in Form zu bringen, um ihn töten zu können. Sand sah beides übrigens ein, er bereute seinen Suizidversuch und sah nun in der Hinrichtung die Möglichkeit, noch einmal ein Zeichen zu setzen. Der zweite Grund war für die Regierungen wesentlich relevanter. Kaum jemand konnte sich vorstellen, dass es sich bei Sand um einen Einzeltäter handelte.

Diese Vermutung teilte sich ein zwei Richtungen. Einerseits gab es die übliche Untersuchung, die man als die juristisch-kriminalistische bezeichnen könnte, für die die badischen Behörden zuständig waren. Ihr Ziel war es, herauszufinden, ob Sand Mitwisser oder gar Gehilfen gehabt hatte. Der Verdacht lag bei seiner Verankerung in der Deutschen Burschenschaft nahe – daran änderte auch sein inzwischen aufgefundenes Austrittsschreiben nichts. Sand stritt jede Mittäterschaft vehement ab, doch bald fiel der Fokus der Ermittlungsbehörde auf seinen Freund Asmis, der in arge Bedrängnis geriet, die Sand verschärfte. Es war der Kommission klar, dass irgendwer Sand Geld für die Reise gegeben haben musste. Asmis, gestand Sand ein, eine Lüge. Erst auf flehentliches Bitten des Unschuldigen nannte er den wahren Geldgeber, Karl Follen. Sand hatte richtig gemutmaßt, dass er den Anführer der „Unbedingten" und Inspirator von Attentaten großen Schaden zufügen würde, und hatte Asmis vorgeschoben – dem er nicht minder schadete. Beide wurden vorerst wieder freigelassen, doch für Follen war klar, dass er so glimpflich nicht davonkommen würde, obwohl er mit den konkreten Mordplänen Sands nichts zu tun hatte. Er floh in die Schweiz und später in die USA, wurde Deutschlehrer in Harvard und stellte auf dem Universitätsgelände aus sentimentalen Gründen jährlich einen Weihnachtsbaum auf – eine Tradition, die bis heute besteht.

Die Suche nach Mitverschwörern lieferte den Justizbehörden also keine fassbaren Ergebnisse – da es keine gab. Doch der zweiten Richtung der Untersuchung, der politischen, war dies völlig gleichgültig. Metternich schrieb Anfang April 1819 an einen Bekannten: *Hier wird wahres Übel auch einiges Gute erzeugen, weil der arme Kotzebue nun einmal als argumentum ad hominem dasteht, welches selbst der liberale Herzog von Weimar nicht verteidigen kann – Meine Sorge geht dahin, der Sache die feste Folge zu geben, die möglichste Partie aus ihr zu ziehen, und in dieser Sorge werde ich nicht lau vorgehen*[240]. Dieses Versprechen hielt er unter zynischer Instrumentalisierung des toten Dichters. *Der vortreffliche Sand*[241] hatte den Vorwand geliefert, um endlich hart durchgreifen zu können. Durch die Karlsbader Beschlüsse, die am 20. September, inkraft traten, wurden die Burschenschaften verboten, die Pressezensur verstärkt, die Turnvereine aufgehoben, an jeder Universität ein Aufpasser installiert und in Mainz eine Zentrale Untersuchungskommission gebildet – die sogenannte Demagogenverfolgung begann. Zahlreiche liberale Professoren verloren ihre Lehrstühle, Friedrich Ludwig Jahn wanderte auf Jahre ins Gefängnis.

Der inzwischen europaweit berühmte Insasse der Mannheimer Anstalt hatte mit seinem Attentat das genaue Gegenteil heraufbeschwören und seinen Gegnern zahlreiche neue Machtmittel in die Hände gegeben. Dies war nicht einmal überraschend, jeder halbwegs die Lage richtig einschätzende Kopf hatte dies voraussehen können. Doch die Verblendung

Sands zeigte sich bereits in der Auswahl seines Opfers. Denn wer war August von Kotzebue schon wirklich? Ein Schriftsteller, der sich auf die Seite der Mächtigen gestellt hatte, gelesen und bewundert von denen, die dachten wie er. Eine Figur von allenfalls mittelmäßiger Bedeutung, dessen Tod höchstens in die Theaterkassen ein tieferes Loch riss, sieht man von seiner Familie ab.

Im Frühjahr 1820 war er schon nur noch eine Randfigur, Sand war der Mann des Tages, denn nun zeichnete sich sein endgültiges Schicksal ab. Er war so weit genesen, dass eine Hinrichtung möglich schien. Am 5. Mai erklärte das badische Oberhofgericht erwartungsgemäß *Karl Ludwig Sand aus Wunsiedel des an dem kaiserlich-russischen Staatsrat von Kotzebue verübten Meuchelmordes für schuldig und geständig und dass er ihm zur gerechten Strafe, anderen aber zum erschreckenden Beispiele – mit dem Schwerte vom Leben zum Tode zu bringen sei.*[242] Eine Woche später bestätigte der Großherzog das Urteil, das Sand am 17. Mai überbracht wurde. Er nahm es ruhig auf, schließlich hatte er mit nichts anderem rechnen können. Immerhin gestatteten ihm die Behörde nun für die noch verbleibenden drei Tage ungehinderte Besuche – diese erhielt er unter anderem von einem Maler, der ihn porträtierte, einem alten Schulkameraden aus Wunsiedel auf der Durchreise[243] und am Tag vor der anberaumten Hinrichtung auf eigenen Wunsch hin durch den extra aus Heidelberg angereisten Henker Widmann. Von seiner Familie, deren Besuch er weder sich noch ihnen antun wollte, verabschiedete er sich in Briefen.

Die Hinrichtung sollte zwar öffentlich geschehen, doch da sich die Meinung der Bevölkerung, die vor gut anderthalb Jahren noch dem Neubürger Kotzebue zugejubelt hatte, so sehr zugunsten Sands gewandelt hatte, noch dazu mit dem Herbeieilen zahlreicher Studenten aus dem nahen Heidelberg zu rechnen war, beschloss die Obrigkeit mehrere Sicherheitsmaßnahmen, um einen Aufruhr zu unterbinden. Kurzfristig wurde der Termin von vormittags elf auf frühmorgens um fünf Uhr vorverlegt, Sand musste versprechen, keine Worte an die Zuschauer zu richten. Vor allem zog man die enorme Menge von 1.500 Soldaten zusammen, um die Hinrichtungsstätte vor dem Heidelberger Tor abzuriegeln. Der Aufwand war nicht notwendig. Zwar hatte sich trotz der frühen Stunde eine ansehnliche Zuschauerzahl aufgemacht, doch blieb sie während des gesamten Vorgangs fast schon demonstrativ stumm. Sand hielt sich an sein Versprechen und verkniff sich ein Plädoyer an die Menge, überhaupt zeigte er sich unaufgeregt und so, wie er es seinem Henker Widmann zugesagt hatte, nämlich gewillt, dessen Arbeit nicht zu behindern. Ein Geistlicher war auf Wunsch Sands nicht anwesend, *weil er darin eine Entwürdigung der Religion erblickte*[244], er hatte stattdessen am Tag zuvor bereits mit mehreren evangelischen Pastoren gesprochen.

Ein Raunen ging durch die Menge, als Widmann Karl Ludwig Sand im Morgengrauen des 20. Mai 1820 mit zwei Schwerthieben den Kopf abschlug. Sobald die Soldaten sich zum Gehen wandten, brach ein Sturm auf das Gerüst los, das von der Menge binnen Kurzem quasi in seine Einzelteile zerlegt wurde. Dieses Verhalten war zwar – in unterschiedlichem Ausmaß – bei öffentlichen Hinrichtungen seit Jahrhunderten üblich, da insbesondere dem Blut von getöteten Verbrechern als Hausmittel zahlreiche medizinische und magische Kräfte zugeschrieben wurden, doch vermischte sich im Falle Sands der Aberglaube mit einem Fan-Kult. Quasi-

Reliquien in Form von aufgewischtem Blut, Haaren, Fetzen der Kleidungsstücke und Splittern des Hinrichtungsstuhls und der Bühne waren äußerst gefragt.

Sand, noch in derselben Nacht auf dem gleichen Friedhof wie Kotzebue beerdigt, war während seiner Haft und in den folgenden Jahren zu einer internationalen Zelebrität geworden. Neben den Resten der Hinrichtungsstätte erfreuten sich Porträts des gut aussehenden jungen Mannes großer Beliebtheit, Schriften erschienen von Großbritannien über Frankreich bis Russland, Dichter von Alexandre Dumas über Joseph Görres bis hin zu Alexander Puschkin – *O edler Jüngling Sand, den das Geschick erkor!*[245] – widmeten ihm Verse und Texte. Doch Nachahmer Sands fanden sich so gut wie nicht, der verbesserte Unterdrückungsapparat Metternichs hatte jegliches konspirative Vorgehen erschwert. Im Übrigen erging es Sand nicht besser als seinem Opfer, er geriet bald in Vergessenheit, lediglich zu Zeiten der 1968er-Revolte erinnerte man sich kurzzeitig an ihn. Allerdings lebte er in den Werken zahlreicher Unterhaltungsschriftsteller weiter, schwülstige und schnell dahingeschriebene Stücke und Romane erschienen über den Wunsiedeler, in denen sehr viel geschluchzt und geweint wird[246] – ganz wie in den Dichtungen des August von Kotzebue.

7.

Terror in Franken: Ekkehard von Seckendorff-Gudent (*1940) und Elisabeth von Dyck (1950–1979)

„Selbst meine Großmutter hätte die anders gefangen."

Am 26. März 1984 wurde in Würzburg eine Bank überfallen, die Täter entkamen unerkannt mit einer Beute von 171.000 DM. Recht schnell wurde den Polizeibehörden klar, dass hier nicht einfach handelsübliche Kriminelle schnelle Kasse gemacht hatten, sondern ein scheinbar am Boden liegender Gegner sich ein weiteres Mal erhoben hatte. Der Bankraub ging auf das Konto der RAF – und mit ihm begannen die Aktivitäten der sogenannten Dritten Generation. Als einen der Beteiligten, wenn nicht sogar eventuellen Drahtzieher vermuteten die Behörden einen Veteranen der Terroristengruppe, den aus einem alten mittelfränkischen Freiherrengeschlecht stammenden Ekkehard von Seckendorff-Gudent, hatte dieser doch früher in Würzburg als Arzt gearbeitet. Der Verdacht mündete in einen Haftbefehl, doch lag man damit völlig falsch. Seckendorff-Gudent war zwar seit den 1970er-Jahren unzweifelhaft Mitglied der RAF, doch mit dem Überfall konnte er nichts zu tun haben. Wie er selbst in einem Radiointerview 1990 völlig richtig anmerkte: *Die Polizei hat mir mein eigenes Alibi nachgewiesen*[247]. Und das war nicht sonderlich schwierig.

1984 wurde ein Waffengeschäft bei Ludwigshafen ausgeraubt, Ende des Jahres gab es einen Sprengstoffanschlag in Oberammergau, Auftakt zu einer neuen Serie von Attentaten durch gezielte Tötungen oder das Auslegen von Bomben bis in das Jahr 1993. Doch mit all diesen blutigen Aktivitäten konnte Seckendorff-Gudent nichts zu tun haben. *Der promovierte Arzt, mittlerweile – 1979 – neununddreißig, ist ein Fossil aus dem Umfeld der ersten RAF-Generation*[248]. Bereits 1972 gehörte er zu ihrem Unterstützerkreis, besuchte Häftlinge der Gruppe, engagierte sich ab 1973 in den *Komitees gegen Folter an den politischen Gefangenen in der BRD*. Spätestens 1977 ging er selbst in den Untergrund, diente der RAF – vorwiegend im Ausland – hauptsächlich als medizinischer Betreuer. Er hatte *eindeutig keine führende Position innegehabt* und gehörte zu einer Gruppe von untergeordneten Mitgliedern, die 1979 begannen, ihren Ausstiegswillen zu bekunden. Da sie nicht zu einer Gefahr für den Rest werden sollten, beschloss die Führung, sie in ein als sicher erachtetes, ideologisch befreundetes Land auswandern zu lassen. Tatsächlich bot sich bald eine Lösung an: Durch Kontakte über die Stasi zeigte sich die DDR bereit, die Terroristen aufzunehmen. So geschah es denn auch 1980: Vorerst acht ehemalige RAF-Mitglieder erhielten neue Identitäten und wurden über

Das 1984 überfallene Bankgebäude in der Würzburger Hofstraße.

Ostdeutschland verteilt, darunter auch Ekkehard von Seckendorff, fortan Horst Winter, wohnhaft in Eisenhüttenstadt. Schon im nächsten Jahr heiratete er Elke Johanna Köhler – niemand anderes als seine frühere RAF-Kollegin Monika Helbing. Nach einem Umzug Richtung Frankfurt an der Oder arbeitete Seckendorff-Gudent alias Horst Winter recht erfolgreich in der Suchtbekämpfung, seine Frau war ebenfalls im Gesundheitswesen tätig. Beide wurden kurz nach der Wende 1990 verhaftet, wie alle in der DDR einst untergetauchten Mitaussteiger. Seckendorff-Gudents Frau, mit den Behörden kooperierend, wie die meisten der enttarnten Terroristen, wurde verurteilt, jedoch bereits nach kurzer Zeit 1993 wieder entlassen. Dem Freiherren selbst war nicht mehr nachzuweisen als seine Mitgliedschaft in einer terroristischen Vereinigung, ein bereits verjährtes Delikt, er blieb auf freiem Fuß. Am Bankraub in Würzburg konnte er folglich nicht beteiligt gewesen sein, zu dieser Zeit lebte er seit vier Jahren in der DDR. Der Banküberfall ist bis heute nicht aufgeklärt. Während seiner Arbeit in den

Folterkomitees dürfte Ekkehard von Seckendorff-Gudent das erste Mal mit einer jungen Frau zusammengetroffen sein, zu der es auch beruflich eine gewisse Verbindung gab, denn sie war ausgebildete medizinisch-technische Assistentin: Elisabeth von Dyck. War der zehn Jahre ältere Arzt bereits eine Ausnahme unter den Mitgliedern der RAF, so galt dies noch mehr für Elisabeth von Dyck. Trotz ihres sozialrevolutionären Anspruchs, sich für die Unterdrückten der eigenen Gesellschaft, Ausgebeutete und Arbeiter einzusetzen, waren Vertreter dieser Schichten Mangelware. Tonangebend, vor allem in den Führungspositionen, waren Männer und Frauen vorwiegend klein- bis großbürgerlicher Herkunft aus gebildeten Elternhäusern – weshalb viele von ihnen selbst ein Studium begonnen, doch nur äußerst selten beendet hatten. Von Dyck gehörte nicht dazu, sie hatte erfolgreich ihre Mittlere Reife bestanden, wodurch sie zwar keine Zulassung zur Universität erworben hatte, jedoch als spätere Arzthelferin das Arbeitsleben kennenlernte.

Ihre Biografie vor dem Auftauchen im Umfeld der späteren RAF verlief auch nicht gerade nach üblichen Mustern. Zwar im pfälzischen Enkenbach-Alsenborn am 11. Oktober 1950 geboren, verbrachte sie ihre früheste Kindheit in Südamerika bei protestantischen Mennoniten und engagierte sich für diese religiöse Vereinigung später auch in der Jugendarbeit. Nach der Rückkehr tauchte sie Anfang der 1970er-Jahre in Heidelberg wieder auf, wo sich am 12. Februar 1970 eine sehr außergewöhnliche Therapiegruppe an der Universität gebildet hatte, das *Sozialistische Patienten-Kollektiv*, kurz SPK, unter der Leitung des Psychologiedozenten Wolfgang Huber und seiner Frau.

Ausgehend vom eher banalen Grundsatz, dass die Gesellschaft massiven Einfluss auf die menschliche Psyche hat, suchte Huber nach revolutionären Ideen, um diesen Zustand mit bisher unbekannten Methoden zu verändern. Tatsächlich noch rudimentär medizinisch motivierte Ideen wie *Wer sich krank fühlt, wird behandelt* und die Parole, die *Schranke zwischen Gesunden und Kranken*[249] müsse eingerissen werden, verloren zunehmend an Plausibilität angesichts der Feststellung Hubers, letztlich sei jeder krank – also müssten logischerweise auch alle geheilt werden: *Jeder ist Patient, vom Arbeiter bis zum Unternehmer*[250]. Huber und seine Anhänger beließen es nicht bei theoretischen Diskussionen – es wurden Arbeitskreise eingerichtet, die sich unter anderem der Herstellung von Sprengkörpern, der Selbstverteidigung und der Abhörtechnik widmeten.

Dass die Universität sich von solchen Aktionen schnellstmöglich distanzierte und Huber seines Postens enthob, verringerte die Anziehungskraft des SPK keineswegs. Etwa 300 Personen fanden sich in Heidelberg ein, um Hubers Thesen zu lauschen und sich von ihm therapieren zu lassen. Auch die noch sehr junge RAF, über das studentische Milieu in Heidelberg gut informiert, bekam Wind von den Ideen und nahm mit dem SPK Fühlung auf, wozu sich unter anderem die Führungsriege um Andreas Baader, Ulrike Meinhof und Gudrun Ensslin immer wieder in konspirative Wohnungen am Neckar begab. Attraktiv musste auf die Terroristen wirken, dass Huber, seine Frau und ein Großteil der Kollektivmitglieder bald Ernst machten, nicht nur Bomben bauten, sondern diese auch legten – oder dies zumindest versuchten. Die Streitereien mit der Universität, der Landesregierung und den Behörden sowie die öffentliche Kritik verstärkten die eigene Paranoia, da sie schließlich die Theorien vom krankmachenden Unterdrücker zu bestätigen schienen. Das Experiment SPK endete abrupt und blutig. Im Juni 1972 flüchteten SPK-Angehörige nach einer Verkehrskontrolle und beschossen die sie verfolgenden Polizisten, wobei sie einen der Beamten schwer verletzten. Bei einer anschließenden Razzia wurden zahlreiche Waffen und gefälschte Papiere gefunden, SPK-Mitglieder vorläufig festgenommen und das Ehepaar Huber verhaftet. Beide erhielten mehrjährige Gefängnisstrafen, das *Sozialistische Patienten-Kollektiv* löste sich auf.

Die Mitglieder des SPK zerstreuten sich, doch die RAF musste nicht ernsthaft um sie werben, ihr Gedankengut hatte sich bereits so stark mit den Ansichten des Therapeuten vermischt, dass es vielen nur konsequent erschien, den Kampf gegen die Gesellschaft in den Reihen der Terroristen fortzusetzen. Wann genau Elisabeth von Dyck sich für das SPK zu interessieren begann und sie anfing, an den Sitzungen teilzunehmen, ist nicht klar. Zu vermuten ist, dass ihr Freund Klaus Jünschke sie dort einführte, sofern sie nicht selbst schon von den Ideen Hubers gehört hatte. Beide gehörten zu den engagiertesten Mitgliedern der Truppe, für sie war es keine Frage, was nach der Auflösung des SPK zu geschehen hatte. Klaus Jünschke entging bei der groß angelegten Razzia nur durch Zufall der Verhaftung, was ihm den Impuls verlieh, sich endgültig zu entscheiden – die letzte Veröffentlichung des SPK hatte den *Volkskrieg* erklärt und zum Untertauchen aufgefordert[251]. Genau dies tat Jünschke. Aus den Beständen des Patientenkollektivs wechselten mit ihm zahlreiche junge Männer und Frauen in die Reihen der RAF über, mindestens ein Dutzend, die fortan zum harten Kern gehörten. Jünschkes Freundin Elisabeth von Dyck wählte nicht die komplette Illegalität, erfüllte als Unterstützerin jedoch wichtige Aufgaben für die Terrororganisation, die daran ging, ihre erste große Anschlagsserie vorzubereiten.

Nach dem Abtauchen ihres Verlobten Jünschke trat Elisabeth von Dyck erst Monate später wieder in Erscheinung – als Zeugin während eines Gerichtsverfahrens im Frühjahr 1972. Angeklagt war Carmen Roll, eine der vielen Einsteigerinnen bei der RAF, die aus dem SPK herübergewechselt waren. Seit Mitte 1971 war es im Zuge von Fahndungen zu mehreren Schießereien gekommen, die sowohl aufseiten der Terroristen als auch der Polizei eine Reihe von Todesopfern forderten. Im März 1972 beobachtete die Polizei in Augsburg ein verdächtiges Pärchen und nutzte die Gelegenheit, den Mann zu kontrollieren, als sich die Frau kurz vorher von ihm verabschiedet hatte. Als dieser auf die Aufforderung, seinen Ausweis zu zeigen, zu einer Waffe griff, wurde er durch den Schuss eines Polizisten verletzt – er starb kurz darauf. Seine Begleiterin wurde ebenfalls schnell aufgespürt und ohne Widerstand festgenommen. Der getötete Terrorist war Thomas Weisbecker, die Frau Carmen Roll.

Nun musste sie sich vor Gericht verantworten, die Beweise sprachen gegen sie, in *ihrer Tasche steckten zwei gefälschte Ausweise, ein „Korkenzieher"* – ein Gerät zum Öffnen von Fahrzeugschlössern – *und 9.100 Mark*[252]. An ihrer Verurteilung bestand kein Zweifel, auf sie warteten mehrere Jahre Gefängnis. Sie wird später zu den Insassen gehören, die ein RAF-Kommando durch die Besetzung der deutschen Botschaft in Stockholm 1975 freizupressen sucht. Durch ihr Auftreten in dem Prozess machte Elisabeth von Dyck, die natürlich dank ihrer Vergangenheit im SPK bereits im Fokus der Behörden stand, noch mehr auf sich aufmerksam. Sich wenig kooperierend zeigend, sah sie sich danach mit einem Ermittlungsverfahren *wegen „Widerstand und Körperverletzung" gegenüber zwei Polizisten*[253] konfrontiert. Dazu bestand der „Verdacht der Unterstützung einer terroristischen Vereinigung" weiter.

Nach der Durchführung der sogenannten Mai-Offensive durch die RAF mit Bombenanschlägen auf Stützpunkte der US-Armee, Polizeikommissariate und Pressehäuser in Heidelberg, Frankfurt am Main, Augsburg, München und Hamburg, bei denen mehrere Menschen getötet und zahlreiche Personen verletzt wurden, erhöhte sich der Fahndungsdruck enorm. Schnell stellten sich Erfolge ein. Bis Ende 1972 waren die gesamte Führungsriege der Ersten Generation – Horst Mahler (bereits Ende 1970), Andreas Bader, Holger Meins, Jan-Carl Raspe, Ulrike Meinhof und Gudrun Ensslin (alle Juni 1972) – und der Großteil der Mitglieder verhaftet, darunter auch Elisabeth von Dycks Verlobter Klaus Jünschke im Juli. Auch er stand später auf der Liste der Stockholmer Botschaftsbesetzer. Für die völlig konsternierte winzige Resttruppe und ihren Unterstützerkreis änderte sich die Lage hierdurch vollkommen – und auch ihre Aufgabe.

So mancher auch bei den Behörden rechnete nach diesem vernichtenden Schlag für die Terroristen mit dem Ende der RAF, doch hatte man lediglich der Hydra den Kopf abgeschlagen. Der Eindruck der Ruhe, den das Jahr 1973, in dem keinerlei Anschläge und sonstige gewalttätige Aktionen seitens der RAF stattfanden, war mehr als trügerisch. Nicht einmal der Kopf der Hydra lag endgültig am Boden, sondern bereits kurz nach der Inhaftierung der höheren Kader setzte ein reger Verkehr aus den Haftanstalten an die verbliebenen Illegalen draußen ein – die Führung war keineswegs beseitigt. Mit der Einrichtung des Hochsicherheitsgefängnisses in Stuttgart-Stammheim und der Verlegung der wichtigsten RAF-Terroristen dorthin aufgrund der baldigen Eröffnung des Prozesses erleichterten die Behörden die neue Kommandostruktur. Dank der dortigen außergewöhnlichen Haftbedingungen – Aufhebung der Trennung von Männern und Frauen, Ausstattung mit reichlich Lesematerial, tägliche gemeinsame Zusammenkünfte – konnten Andreas Baader, Gudrun Ensslin und Ulrike Meinhof das Vorgehen ihrer treuen Anhänger problemlos koordinieren.

Dazu gehörte vorrangig die Neuausrichtung, denn das Ziel der Gruppe sollten nun nicht mehr Anschläge sein, die zu einem Aufstand der Unterdrückten gegen den Staat und seine Verbündeten – die USA, die NATO, die Rüstungsindustrie – führten, sondern oberste Priorität hatte fortan, die RAF-Führung freizupressen. Der Gegner blieb derselbe, die Mittel auch. Gleichwohl waren nach der großen Verhaftungswelle hierzu so gut wie keine Möglichkeiten vorhanden, es fehlten die Leute für eine brauchbare klandestine Logistik. Dem diente die zweite Linie, die Mobilisierung möglichst vieler Sympathisanten. Hierbei war man wesentlich erfolgreicher. Mithilfe ihrer Anwälte, darunter führend die Stuttgarter Kanzlei des *gutbürgerlichen Scheidungsanwalts*[254] Klaus Croissant, der sich immer mehr der Seite seiner Mandanten annäherte und als politischer Anwalt verstand, wurden in mehreren Städten die bereits erwähnten *Komitees gegen die Folter der politischen Gefangenen in der BRD* gegründet. Ihr suggestiver Titel verriet bereits einiges über ihr Anliegen. Entgegen der Realität in den Haftanstalten wurde eine vom Staat geduldete, wenn nicht gar geförderte Folterpraxis als gegeben hingestellt.

Doch dem eigentlichen Sinn der Propaganda verhalfen zwei ganz anders geartete Ereignisse zum Durchbruch, an denen der Staat nicht unschuldig war. Angehörige der Hamburger

Filiale des *Folterkomitees* hatten das dortige Büro von *amnesty international* besetzt, kurze Zeit später wurde das Haus von wenig zimperlich vorgehenden Ordnungskräften geräumt. Für eine große Anzahl der Besetzer war dies der endgültige Beweis für einen aggressiven Polizeistaat und damit die Bestätigung der von der RAF propagierten Thesen – wie einst nach der Auflösung der SPK entschied sich eine große Zahl für den Einstieg in den Untergrund. Für eine noch weitaus größere Resonanz sorgte der Tod von Holger Meins während der Haft. Die RAF-Führung hatte einen Hungerstreik ausgerufen, an dem sich Meins beteiligte und den er nicht beendete, als er bereits gesundheitlich fast irreversibel geschädigt war. Von einem Kassiber Gudrun Ensslins zusätzlich unter Druck gesetzt – *du bestimmst, wann du stirbst. freiheit oder tod*[255] –, aber auch von den Anstaltsärzten schlecht beaufsichtigt, starb Meins, zum Skelett abgemagert, am 9. November 1974. Ein Bild im Magazin *Stern*, das den Toten friedlich wie einen orthodoxen Mönch aufgebahrt zeigt, und Berichte von der unter großer Beteiligung stattfindenden Beerdigung ließen Holger Meins zur Ikone des Guerilla-Märtyrers werden – das zweite große Ereignis, das der RAF zahlreiche neue Mitglieder verschaffte.

Die *Folterkomitees* mit ihren etwa 500 aktiven Teilnehmern, darunter alte Veteranen wie Elisabeth von Dyck und Ekkehard von Seckendorff-Gudent, aber vor allem vielen neu dazugewonnene Unterstützer, hatten ihren Zweck somit erfüllt, sie lenkten öffentlich die Aufmerksamkeit auf die vermeintlich katastrophalen Zustände für die Gefangenen und boten Rekrutierungspotential für die gelichteten Reihen der illegalen RAF-Kämpfer. Blieb lediglich ein Problem: Zwar bestimmte die Führung aus der Haft den Kurs und machte Vorschläge zur eigenen Befreiung, doch fehlten in Freiheit führende Köpfe, die diese Pläne organisieren und umsetzen konnten. Seit zwei Jahren saßen die Führungskräfte bereits im Gefängnis, doch mehr als die Propagandaaktivität war in den Jahren 1973 und 1974 nicht geschehen. Erfolgreicher war da die „Bewegung 2. Juni", eine linksterroristische Gruppe, die sich vor allem auf Berlin beschränkte. Sie hatte Anfang 1975 den Kandidaten der CDU für die Bürgermeisterwahl, Peter Lorenz, entführt und erreichte im Austausch die Freilassung von sechs Terroristen, darunter auch Mitglieder der RAF. Dies war Anlass für die RAF, einen ähnlichen Plan auszuhecken, der größer und spektakulärer sein sollte: Es kam im April 1975 zur bereits erwähnten Besetzung der Deutschen Botschaft in Schweden, mit deren Hilfe mehr oder weniger alle inhaftierten Terroristen freigepresst werden sollten. Das Ergebnis war desaströs. Die Regierung Helmut Schmidts weigerte sich, auf die Forderungen der Erpresser einzugehen, die Schweden bereiteten die Stürmung des Geländes vor, die belagerten Terroristen drohten, regelmäßig eine der Geiseln zu erschießen – und begannen nach einiger Zeit, diese Ankündigung wahrzumachen. Aus Versehen zündeten sie jedoch eine der von ihnen gelegten Bomben, die Botschaft flog in die Luft. Neben den erschossenen Botschaftsangehörigen starben zwei der Terroristen, dazu kam eine große Zahl Verletzter.

Es ist gut möglich, dass Elisabeth von Dyck an der Vorbereitung der Stockholmer Aktion beteiligt war, denn Anfang 1975 wurde sie in Zürich festgenommen. Auf eine offenbar anonyme Denunziation hin hatte die Schweizer Polizei sie gemeinsam mit einer italienischen Anarchistin unter dem Verdacht festgesetzt, ein Waffenlager bestohlen zu haben. Der Vorwurf konnte jedoch nicht belegt werden – Elisabeth von Dyck kam nach mehrmonatiger Untersuchungshaft wieder frei. Die Ereignisse in Schweden nötigten die RAF zu einer Restrukturierung und Elisabeth von Dyck war entschlossen, bei diesem Neuaufbau zu helfen. Sie war nun gut fünf Jahre in Diensten der RAF, immer noch ohne offiziell untergetaucht zu sein, und ihr kamen zunehmend vertrauensvollere Aufgaben zu.

Als neuer Mann an der Spitze hatte sich nach dem Stockholm-Debakel der frühere Rechtsanwalt von Holger Meins, Siegried Haag, etabliert, in den die Stammheimer Führung noch einmal große Hoffnungen setzte. Im Mai 1975, nachdem er kurzzeitig festgenommen worden war, hatte er sein Advokatenleben hinter sich gelassen und begann nun mit der Sammlung der versprengten RAF-Mitglieder und der Erstellung neuer Pläne. Um die Logistik zu verbessern und alte Verbindungen aufzufrischen, reiste er Richtung Naher Osten und traf sich dort mit Vertretern palästinensischer Terrorgruppen; seine Begleiterin bei dieser Erkundungstour war Elisabeth von Dyck. Ansonsten brachte Haag wenig im Sinne seiner Auftraggeber zustande, er formierte zwar wieder eine handlungsfähige Truppe, doch geschah 1976 nicht mehr als die Ausarbeitung mehrerer verschiedener Vorhaben, um das Hauptziel, die Befreiung der Stammheimer, zu erreichen. Diese flogen auf, als Haag im November 1976 bei einer Verkehrskontrolle festgenommen wurde – doch ließen sich die gefundenen Aufzeichnungen nicht entschlüsseln. Im Zuge der Festnahmen der sogenannten Haag-Mayer-Bande geriet auch Elisabeth von Dyck ein weiteres Mal unter schweren Verdacht – wieder saß sie in Untersuchungshaft, wieder wurde sie nach kurzer Zeit freigelassen. Arbeit fand sie im Büro des Rechtsanwalts Klaus Croissant in Stuttgart.

Nebenan, im Hochsicherheitstrakt des Gefängnisses, war man über die Unfähigkeit Haags und seines Helfers Roland Mayer schwer erbost, auch vermisste man *die nötige Härte für Aktionen, die uns hier herausholen*[256]. Ulrike Meinhof, von ihren Mitgefangenen ebenfalls als zu weich empfunden und zunehmend geschnitten, hatte sich im Mai 1976 bereits in ihrer Zelle erhängt – auch dies verkaufte man nach außen als Staatsmord. Die Aussicht auf baldige Freiheit schien in weite Ferne gerückt, da auch der angelaufene Prozess absehbar im nächsten Jahr zu Ende gehen musste. Mit der Inhaftierung Haags war der führende Mann draußen wieder abhanden gekommen, das alte Problem einer fehlenden Kommandostruktur trat erneut auf. Doch den Kadern in der Zelle gelang es bald, eine wesentlich effizientere Nachfolgerin zu finden. Und dies dank der freundlichen Mithilfe der Behörden. In ihrem nervösen Bestreben, die stetigen Gerüchte über die unmenschlichen Zustände in Stammheim verstummen zu lassen, die nach dem Tod Ulrike Meinhofs erneut lautstark aufgekommen waren, verfiel man auf die Idee, weitere Häftlinge nach Stuttgart zu verlegen. Darunter auch Brigitte Mohnhaupt, deren Strafe jedoch Anfang 1977 auslief. Eine bessere Situation konnte sich für Baader, Ensslin und Raspe gar nicht bieten – sie hatten nun die Möglichkeit, Mohnhaupt direkt zu instruieren und sie anschließend zu den illegalen Mitgliedern außerhalb zu schicken. Dass auf ihre Nochmitgefangene wesentlich mehr Verlass war als auf den Neueinsteiger Haag, daran bestand kein Zweifel, sie hatte sich schließlich früher schon bewährt.

Der Justiz dämmerte offensichtlich, dass sie einen Fehler gemacht hatte und verlegte Mohnhaupt für die letzten Wochen ihrer Haft nach Bühl. *Als sich dort am 8. Februar das Gefängnistor öffnet, wird Brigitte Mohnhaupt von den Croissant-Mitarbeitern Volker Speitel und Elisabeth von Dyck abgeholt*[257] – was nur bewies, wie sinnlos die kurzfristige Entscheidung der Behörden war. Sofort machte sich die freigelassene Terroristin daran, die ihr aufgetragenen Maßnahmen umzusetzen. Das Büro des Rechtanwaltes Croissant und seiner beiden Kollegen Müller und Newerla wurde zur legalen Informationszentrale umgestaltet, wo die aus Stammheim kommenden Botschaften an die verschiedenen Empfänger weiterverteilt wurden. Dazu gehörte einerseits das *info-system, ein äußerst effektives Instrument der Binnen- und Außenkommunikation der RAF, für die politische Schulung und die Rekrutierung neuer Mitglieder sowie für Agitation und Propaganda*[258]. Dieses war halboffiziell, doch daneben existierte noch der illegale Kassiber-Austausch, für den die Rechtsanwälte zuständig waren – und der noch ausgebaut wurde. Verantwortlich hierfür waren, nach den Bestimmungen Mohnhaupts, Volker Speitel sowie Hans-Joachim Dellwo mit *seiner damaligen Freundin Elisabeth von Dyck*[259]. Ihre Aufgabe bestand darin, die Instruktionen an die Illegalen als Kuriere weiterzuleiten, was Fahrten durch die gesamte Republik und bis ins Ausland notwendig machte. Mehrmals traf sich Elisabeth von Dyck, meist begleitet von einem der Kollegen aus dem Büro, mit der neuen Führung, deren Leitung die untergetauchte Mohnhaupt selbst übernommen hatte. Die Zusammenkunft der Kurierin mit der Spitze am 20. Juli 1977 in Frankfurt war eine ihrer letzten Aktivitäten in der Legalität. Bei einem weiteren Treffen, an dem sie nicht selbst beteiligt ist, wurden Hans-Joachim Dellwo von Mohnhaupt *2.000,- DM für Elisabeth von Dyck*[260] mitgegeben.

Im Stuttgarter Anwaltsbüro hatten die Gehilfen nicht nur die Kontrolle, sondern außerdem die Angeklagten ihre Verteidiger komplett übernommen. Auf Druck aus den Zellen sollte versucht werden, probehalber Gegenstände ins Gefängnis zu schmuggeln. Zuständig für die Herstellung der Schmuggelmöglichkeit war Volker Speitel, der die gewünschten Geräte möglichst zerlegte und die Einzelteile raffiniert innerhalb der Aktenordner platzierte. Das Überwachungssystem wies nämlich eine massive Lücke auf: Zwar wurden die Anwälte wie alle anderen Besucher im Gefängnis durchsucht, doch nicht, wenn sie zur Gerichtsverhandlung gingen. Ebenso wenig kontrollierte man die Gefangenen auf dem Weg zurück in die Haftanstalt. So ließ sich leicht ein Austausch organisieren, an dessen Ende der Schmuggel von Waffen stand – und Haftverfahren für die Anwälte Müller, Newerla und Croissant. Elisabeth von Dyck war an dieser Art von Botendiensten nicht direkt beteiligt, doch eine bei ihr durchgeführte Hausdurchsuchung führte zum Auffinden von Fotoaufnahmen aus dem Hochsicherheitstrakt. Bilder aus einer geschmuggelten Kamera.

Vielleicht spielte dieser erneute Zusammenstoß mit den Behörden eine Rolle, vor allem aber dürfte es die Aufforderung von Illegalen wie Sieglinde Hoffmann gewesen sein, nach so vielen Jahren *nun selbst am bewaffneten Kampf teilzunehmen*[261]. Der Zeitraum des Übertritts von der Unterstützern hin zur aktiven Terroristin, zum anerkannten RAF-Mitglied, lässt sich ziemlich genau eingrenzen. Die Geldübergabe an Hans-Joachim Dellwo, die den Einstieg in die Illegalität erleichtern sollte – im Sinne einer Starthilfe – geschah am 28. Juli. Zu diesem Zeitpunkt war Elisabeth von Dyck entweder gerade abgetaucht oder kurz davor. Zwei Tage später, am 30. Juli, war sie bereits Bestandteil einer kleinen Gruppe, die sich in einer konspirativen Wohnung nach dem gescheiterten Entführungsversuch an Dresdner-Bank-Chef Jürgen Ponto versammelte, bei dem dieser ums Leben kam. Ihre offizielle Aufnahme musste kurz vorher geschehen sein, für gewöhnlich wurden dem neuen Mitglied nach prüfenden Gesprächen zum Zeichen der Akzeptanz sowohl ein gefälschter Ausweis als auch eine Waffe übergeben. Die Waffe lehnte Elisabeth von Dyck ab – eine recht ungewöhnliche Widerspenstigkeit, die sie sich aufgrund ihres Renommees als alte Veteranin leisten konnte.

Die Ermordung Jürgen Pontos war bereits die zweite spektakuläre Aktion der RAF im Jahr 1977. Im April hatte man den Generalbundesanwalt Siegfried Buback und seine beiden Begleiter in Karlsruhe erschossen. Auf dem Plan stand nun im August erneut Karlsruhe, diesmal ein Raketenwerferangriff auf die Gebäude der Bundesanwaltschaft, doch dieser misslang aufgrund eines technischen Fehlers. Es folgte der berühmte „Deutsche Herbst" mit der Entführung des Arbeitergeberpräsidenten Hanns-Martin Schleyer am 5. September in Köln, bei der vier Personen getötet wurden – es war der nächste Versuch, die Gefangenen aus Stammheim freizupressen. Die Bundesregierung ließ sich wie schon in Stockholm nicht auf einen Austausch ein, auch nicht, als ein befreundetes palästinensisches Kommando die deutsche Lufthansa-Maschine „Landshut" mitsamt Bordpersonal und knapp hundert Passagieren kaperte. Nach der Befreiung der Geiseln in Mogadischu tötete sich in Stammheim die gesamte RAF-Führungsriege, woraufhin die Terroristen Hanns-Martin Schleyer umbrachten. Die RAF hatte die Republik über eineinhalb Monate in Atem gehalten – und war kläglich gescheitert.

Welche Rolle spielte Elisabeth von Dyck im „Deutschen Herbst"? Keine in den vordersten Reihen. Sie gehörte zum Bewachungsteam Schleyers in Den Haag, als dieser aus seinem ersten Versteck in Erftstadt-Liblar bei Köln über die Grenze in die Niederlande gebracht worden war. Von dort aus musste man allerdings nach einem Zwischenfall – es kam zu einer Schießerei bei dem Versuch, ein Auto anzumieten – erneut mitsamt der Geisel umziehen, diesmal nach Brüssel. Die niederländische Polizei überprüfte derweil weitere Autovermietungen an deutsche Kunden – und wurde fündig. Auch in Utrecht hatte eine Frau einen Wagen geliehen, deren Angaben sich nun als falsch erwiesen. Da der Pkw noch nicht zurückgebracht wurde, mussten die Beamten warten. Tatsächlich tauchte am 22. September ein Mann auf, der das Auto ordnungsgemäß abliefern wollte, doch als er in dem Geschäft von zwei Polizisten empfangen wurde, eröffnete er das Feuer. Er tötete einen der beiden Beamten, verletzte den anderen schwer, dann wurde er überwältigt. Außerhalb des Geländes wartete eine Komplizin auf ihn, sie konnte entkommen: Elisabeth von Dyck. Anschließend in Belgien wurde sie – womöglich aufgrund dieses Vorfalls – nicht mehr eingesetzt, stattdessen wechselte sie nach Bagdad; die RAF zog nach und nach, da der Fahndungsdruck zunahm, ihre Mitglieder zurück, nur noch eine Rumpftruppe blieb zur Bewachung Schleyers in Europa.

Doch was waren nach dem „Deutschen Herbst" die Ziele der RAF? Die Aufgabe der letzten fünf Jahre, die Befreiung der Stammheimer, war desaströs in die Binsen gegangen, die gesamte Truppe verunsichert, manche deprimiert, bereit zum Aufgeben. Doch Mohnhaupt gelang es bei mehreren Treffen im In- und Ausland, die Gruppe zusammenzuhalten und ihr neuen Willen einzuimpfen. Das Jahr 1978 verlief aus Behördensicht halbwegs ruhig – es kam zu keinerlei größeren Aktionen seitens der Terroristen, deren Reihen sich durch Festnahmen lichteten. Allerdings ereigneten sich es hierbei bewaffnete Auseinandersetzungen, bei denen

Der unscheinbare Wohnblock in der Stephanstraße 40 in Nürnberg war ein vermeintlich ideales Versteck.

mehrere Personen, Beamte und Terroristen, getötet wurden, wodurch sich das gegenseitige Klima der Angst hochschaukelte und sich die Bereitschaft beider Seiten deutlich erhöhte, vorschnell zur Waffe zu greifen. Die geschrumpfte und noch immer nicht ganz von den Ereignissen des Deutschen Herbstes erholte Gruppe, die überwiegend aus Frauen bestand, zu dieser Zeit etwa zu *50 bis 60 Prozent*[262], was selbst für RAF-Verhältnisse ein hoher Wert ist. Elisabeth von Dyck war ein wertvolles Mitglied, nun einer der seltenen Restbestände der Ersten Generation. Obwohl sie nie zum Führungskreis um Brigitte Mohnhaupt und Christian Klar, Peter-Jürgen Boock sowie ihren damaligen Lebensgefährten, den gebürtigen Bayreuther Rolf Heißler, zählte, gehörte sie mehr als nur zum *Zirkel von Subalternen*[263], wie der Forscher Tobias Wunschik mutmaßt, der an anderer Stelle einräumt, dass von Dyck unter den Angehörigen der RAF *höheres Prestige*[264] genoss. Dies lag natürlich an ihrer Erfahrung seit 1971 und dem dadurch bewiesenen Vertrauen, dass man in sie setzen konnte. Außerdem galt sie als *rhetorisch versiert, in Diskussionen ungemein eloquent*[265]. Warum sie trotzdem nicht in die erste Riege aufstieg, mag – neben ihrem erst kürzlichen Engagement im illegalen Untergrund – an einer gewissen Eigenständigkeit liegen und dem abgeleiteten Verdacht, es mangele ihr an Härte. Zeichen für beides waren die Ablehnung einer Waffe und die Empathie, die sie gegenüber den Zweifeln von Mitgliedern aufbrachte, ohne selbst von solchen befallen zu sein. Monika Helbing – die spätere Ehefrau des ausstiegswilligen Ekkehard von Seckendorff-Gudent – berichtet: *Während Rolf Heißler und Elisabeth von Dyck für meine Haltung Verständnis zeigten, konnte ich dies bei Christian Klar, mit dem ich mich ebenfalls unterhielt, nicht feststellen*[266].

Unter der Ägide der neuen Leitung wurden für die nächste Offensive drei Hauptziele in Angriff genommen. Die Befreiung des kürzlich verhafteten Stefan Wisniewski, die Vorbereitung eines Attentats auf den NATO-Oberbefehlshaber US-General Alexander Haig und die Kontaktaufnahme zu anderen deutschen und internationalen Terrorgruppen. Elisabeth von Dyck wurde der Gruppe zugeteilt, die den General ausspähen sollte, was einen Aufenthalt in Brüssel erforderte. Nachdem sich die Rettungsaktion für Wisniewski als undurchführbar herausgestellt hatte, kam dem Anschlag auf Haig bald der erste Rang auf der Agenda zu. Doch hierfür benötigte man wieder einmal Geld, viel Geld. Logische Folge war eine *Enteignungsaktion*. Objekt war eine Bank in Darmstadt, der Überfall fand am 19. März 1979 statt, doch verlief nicht nach Plan. Ein unerschrockener Bankkunde brachte einen der Täter, Christian Klar, ins Straucheln, die Terroristen entfernten sich nach kurzem Schusswechsel mit einer Beute von 49.000 DM. Zu wenig für ihre Zwecke. Vermutlich hatte auch Elisabeth von Dyck an diesem Überfall teilgenommen.

Ein Ersatzziel wurde relativ schnell gefunden – oder der Plan war von vorneherein auf zwei Banken ausgerichtet gewesen. Offenkundig mit sehr guten Kenntnissen der Örtlichkeiten und Abläufe ausgestattete Bankräuber überfielen am frühen Morgen des 17. April die Schmidt-Bank-Filiale bei der Lorenzkirche in Nürnberg. Dieses Mal ging alles problemlos und schnell, nach nicht einmal einer Minute waren die Täter mit über 200.000 DM wieder verschwunden. *Wer genau am Überfall auf die Schmidt-Bank beteiligt war, konnte nie abschließend geklärt werden*[267]. Ein Beteiligter wurde trotzdem durch Spuren am Tatort identifiziert: Christian Klar. Naheliegend wäre, dass Elisabeth von Dyck hier erneut (oder erstmals) zum Einsatz kam, wie die späteren Ereignisse zeigen.

Ihr konspiratives Basislager in Nürnberg, eine Wohnung in der Stephanstraße 40, Stadtteil St. Peter, die Elisabeth von Dyck gut einen Monat früher unter falschem Namen gemietet hatte, lösten die erfolgreichen Bankräuber in gewohnter Manier auf. Rolf Heißler und Werner Lotze waren für das „Cleanen" zuständig, die komplette Spurenbeseitigung. Ohnehin hatte man den Verdacht, dass die Unterkunft nicht mehr sicher sei. Andererseits konnte man sie noch gut für weitere Vorhaben brauchen. Also wurde eine Abgesandte zurück nach Nürnberg geschickt, um die Lage zu überprüfen, die Wahl fiel auf Elisabeth von Dyck. Am 4. Mai 1979 war sie wieder in Nürnberg, auf dem Weg zur Wohnung in der Stephanstraße, dabei so gekleidet, dass sie auf die Ferne auch als junger Mann durchgehen konnte. Doch die Ahnungen der Terroristen waren durchaus begründet – die Polizei beobachtete die Wohnung bereits seit

Wochen, *so auffällig*, wie der *Spiegel* schrieb, dass selbst *spielende Kinder*[268] die Tarnung erkannten: ein Bauwagen gegenüber. Gleichzeitig waren drei Beamte einer Spezialeinheit im Innern postiert. Doch es tat sich wochenlang nichts. *Wir wollten die Aktion eigentlich schon abbrechen*[269], erinnerte sich ein beteiligter Beamter. Doch schließlich kam Elisabeth von Dyck an jenem Maiabend nichtsahnend in die Wohnung. Dort erwarten sie die drei Beamten. Zwei von ihnen schossen auf die Eintretende, die kurz danach im Nürnberger Klinikum Nord starb.

Elisabeth von Dyck hatte eine Waffe bei sich, entgegen ihren früheren Gewohnheiten, doch hatte sie diese nicht gezogen. Die gescheiterte Festnahme geriet nicht nur in die Kritik, weil man sich selbst einer eventuell wertvollen Zeugin beraubt hatte, sondern weil bald an die Öffentlichkeit kam, dass einer der Schüsse Elisabeth von Dyck in den Rücken getroffen hatte. Drei Polizisten, die noch dazu vorher vom Kommen der verdächtigen Person per Funk informiert worden waren, hatten die Frau, die offenkundig keine Gegenwehr leistete, von hinten erschossen, noch dazu aus etwa *60 bis 80 cm*[270] Entfernung. Das Vorgehen der Polizei blieb zweifelhaft und heizte nicht nur die RAF-Propaganda von einem geplanten Vernichtungsfeldzug gegen ihre Mitglieder an, sondern auch die Kritik im gemäßigten linksliberalen Lager. Dass von Dycks Tod auf diese Weise nicht hätte passieren dürfen, räumten selbst spätere offizielle Untersuchungen ein. *Selbst meine Großmutter*, höhnte ein Beamter, *hätte die anders gefangen.* Verfahren gegen die einzelnen SEK-Mitglieder, von der Familie der 28-Jährigen in die Wege geleitet, wurden jedoch *nach sechs Wochen eingestellt*[271].

In Nürnberg kam es in den folgenden Tagen noch zu einer ebenso groß angelegten und ergebnislosen Terroristensuche. Warum sie gegen ihre sonst üblichen vorsichtigen Regeln verstoßen hatten und eine bereits aufgegebene Wohnung reaktivieren wollten – ob es folglich Pläne für weitere Aktionen in Nürnberg gab, ließ sich nicht mehr klären. Die wartenden RAF-Mitglieder befanden sich in Frankfurt, zogen sofort innerhalb der Stadt um, als sie vom Tod ihrer Genossin hörten. *Der Tod von Elisabeth von Dyck hat alle sehr mitgenommen*[272], berichtet Sigrid Sternebeck. Doch lang anhaltende Trauer gehörte nicht zu den Vorrausetzungen für das Terrorgeschäft und so wurde der Anschlag auf NATO-Oberbefehlshaber Haig noch im Juni durchgeführt: Er schlug fehl. Im Zusammenhang mit der RAF tauchte der Name der getöteten Terroristin noch zwei weitere Male auf. Am 25. Januar 1985 wurde in Frankreich der französische General im Verteidigungsministerium ermordet, René Audran. Hierzu bekannte sich ein gemeinsames „Kommando Elisabeth von Dyck" der *Action Directe* und der RAF. Mitte der 1980er-Jahre war es zu einem kurzzeitigen Zusammenschluss einiger linker Terrorgruppen in Westeuropa gekommen, der Anschläge in Deutschland, Belgien und Frankreich verübte. Auch diese blutige Kooperation änderte nichts am langsamen Zerfall der immer isolierter und brutaler, aber auch technisch versierter vorgehenden Gruppe. 1998, seit fünf Jahren hatte es keine Anschläge mehr gegeben, kündigte die RAF in einem Schreiben ihre Auflösung an. Es endete mit einer Aufzählung der Opfer – natürlich nur der Toten aufseiten der RAF. In der Liste auch: Elisabeth *van* Dyck. Knapp zwanzig Jahre nach ihrem Tod war selbst die Erinnerung an ihren Namen bei ihren Nachfolgern in Sachen Terror schon halb vergessen.

Bild- und Quellennachweis

Benedikt Grimmler: Einband-Rückseite (mit frdl. Genehmigung von Pater Joachim Seraphin, Külsheim), S. 11, 12, 14, 17, 21, 23, 27, 31, 37, 39, 41, 44, 57, 59, 62, 68, 71, 73, 104

Bruno Erhard (Würzburg): S. 96

picture alliance / akg-images: Vorsatz (Hinrichtung durch Enthaupten, Haengen und Raedern. - Holzschnitt. Aus: Bambergische Halsgerichts und rechtlich Ordnung, Mainz (Johann Schoeffer), Auflage 1538. Fotograf: akg-images); Nachsatz (Nuernberg /Zellengefaengnis/ Foto um 1870, Fotograf: Ferdinand Schmidt); Titelfoto (Giftfässchen, picture-alliance/ dpa, Fotograf: Boris Roessler), S. 77 (Giftfässchen, picture alliance / dpa, Fotograf: Marijan Murat); 81 (Zeichnung); 89 (Fotograf: ©Bianchetti/Leemage); 91 (Radierung von Constantin Fidele Coene, 1780-1841, spätere Kolorierung)

Wiki-Commons: S. 2 (Karte vom Nordgau Cosmographia Sebastian Muenster 1628. Licensed under Public Domain via Wikimedia Commons); S. 28 (Egidienkirche Nürnberger Altstadt 01 von Aarp65 – Eigenes Werk. Lizenziert unter CC BY-SA 3.0 über Wikimedia Commons); S. 47 („Werwolf von Neuses". Lizenziert unter Public domain über Wikimedia Commons); S. 52 („Begegnung im Haus. Werwolf von Neuses". Lizenziert unter Public domain über Wikimedia Commons)

Literatur

Klaus Arnold: *Die Armledererhebung in Franken 1336*; in: *Mainfränkisches Jahrbuch 26*. Würzburg: 1974, pp. 35–62.

Klaus Arnold: *Arnold von Uissigheim („König Armleder"). Um 1290–1336;* in: Erich Schneider (Hg.): *Fränkische Lebensbilder 20*. Neustadt an der Aisch: 2004, pp. 1–16.

Bachmann: *Drei Fälle von Arsenik-Vergiftung, als Beiträge zur gerichtlich-medizinischen Lehre von ihrer Ausmittelung, und zur Karakteristik ihrer Wirkungen;* in: *Abhandlungen der physikalisch-medicinischen Societät zu Erlangen*. Nürnberg: 1812, pp. 73–120.

Peter Brückner: *„... bewahre uns Gott in Deutschland vor irgendeiner Revolution!" Die Ermordung des Staatsrats v. Kotzebue durch den Studenten Sand*. Berlin: 1975.

Karl-Heinz Dellwo: *Kein Ankommen, kein Zurück; in: Angelika Holderberg (Hg.): Nach dem bewaffneten Kampf. Ehemalige Mitglieder der RAF und der Bewegung 2. Juni sprechen mit Therapeuten über ihre Vergangenheit*. Gießen: 2007, pp. 97–129.

Gisela Diewald-Kerkmann: *Bewaffnete Frauen im Untergrund. Zum Anteil von Frauen in der RAF und der Bewegung 2. Juni*; in: Wolfgang Kraushaar (Hg.): *Die RAF und der linke Terrorismus*. Hamburg: 2006, pp. 657–675.

Paul Anselm Ritter von Feuerbach: *Aktenmäßige Darstellung merkwürdiger Verbrechen*. Frankfurt am Main: 1849.

Georg Wolfgang Augustin Fikenscher: *Christian Wilhelm Baron von Krohneman. Geschichte dieses angeblichen Goldmachers, eines der größesten und merkwürdigsten Betrügers des siebzehnten Jahrhunderts*. Nürnberg: 1800.

Gerhard Fouquet: *Die Affäre Niklas Muffel. Die Hinrichtung eines Nürnberger Patriziers im Jahre 1469;* in: *Vierteljahrschrift für Sozial- und Wirtschaftsgeschichte 83*. Stuttgart: 1996, pp. 459–500.

Lorenz Fries: *Geschichte, Namen, Geschlecht, Leben, Thaten und Absterben der Bischöfe von Würzburg und Herzöge zu Franken. Auch was während der Regierung jedes Einzelnen derselben Merkwürdiges sich ereignet hat*. Würzburg: 1924.

Ute Frietsch: *Häresie und „pseudo-scientia". Zur Problematisierung von Alchemie, Chymiatrie und Physik in der Frühen Neuzeit;* in: Dirk Rupnow et al. (Hg.): *Pseudowissenschaft. Konzeptionen von Nichtwissenschaftlichkeit in der Wissenschaftsgeschichte*. Frankfurt am Main: 2008, pp. 51–76.

Geschichte für Alle e.V. (Hg.): *Hinrichtungen und Leibstrafen. Das Tagebuch des Nürnberger Henkers Franz Schmidt*. Nürnberg: 2013.

Frantisek Graus: *Judenfeindschaft im Mittelalter*; in: Wolfgang Benz, Werner Bergmann: *Vorurteil und Völkermord. Entwicklungslinien des Antisemitismus*. Freiburg: 1997, pp. 35–60.

Benedikt Grimmler: *Markt Bibart – Das Kellereigespenst. Kultur- und lokalgeschichtliche Analyse einer außergewöhnlichen Sage*. Unveröffentlichtes Manuskript, Konstanz: 2013.

Karl Hegel: *Beilage. Nicolaus Muffel's Prozeß und Verurtheilung;* in: Historische Kommission bei der Bayerischen Akademie der Wissenschaften (Hg.): *Die Chroniken der Fränkischen Städte. Nürnberg,* Fünfter Band. Göttingen: 1961, pp. 754–777.

Julius Eduard Hitzig, Wilhelm Häring (d.i. Willibald Alexis): *Der neue Pitaval. Eine Sammlung der interessantesten Kriminalgeschichten.* Frankfurt am Main: 1986.

Willibald Hock: *Die Giftmörderin von Kasendorf und Sanspareil. Der „Goldmacher" des Markgrafen Christian Ernst in Bayreuth.* Kulmbach: o.J.

Hoffmann: *Über den Gebrauch des Arseniks gegen Wechselfieber und einige verwandte Krankheiten;* in: *Abhandlungen der physikalisch-medicinischen Societät zu Erlangen.* Nürnberg: 1812, pp. 236–243.

Karl Ernst Jarcke: *Carl Ludwig Sand und sein an dem kaiserlich-russischen Staatsrath v. Kotzebue verübter Mord. Eine psychologisch-criminalistische Untersuchung aus der Geschichte unserer Zeit.* Berlin: 1831.

Norbert Jung: *Die Bamberger Hexenverfolgungen in theologiegeschichtlicher Perspektive;* in: Stadt Bamberg (Hg.): *„Hexenprozesse und Hexenverfolgung" im Hochstift Bamberg. Eine vorläufige Bilanz.* Bamberg: 2013, pp. 62–91.

Christian Wilhelm von Krohnemann: *Unterthänigste Ehr-Pflicht und Wuntsch-Abstattung, Dem ... Herrn Christian Ernsten, Marggrafen zu Brandenburg, zu Magdeburg, in Preußen, Stettin, Pommern ... Meinem gnädigsten Fürsten und Herrn, an Deßen, Gott Lob, glücklich erlebten Hoch-Geburts-Tage, nemlich den 27. Julii, dieses 1679.* Jahrs. O.O.: 1679.

Theophil Lauben: *Dialogi und Gespräch von der LYCANTHROPIA oder der Menschen in Wölff-Verwandlung.* Frankfurt: 1686.

Walter Lehnert: *Das bürgerliche Wesen der Stadt Nürnberg ist geteilt in zween Stände;* in: Wolfgang Buhl (Hg.): *Fränkische Reichsstädte.* Würzburg: 1987, pp. 43–68.

Friedrich Lotter: *Hostienfrevelvorwurf und Blutwunderfälschung bei den Judenverfolgungen von 1298 („Rintfleisch") und 1336–1338 („Armleder");* in: Internationaler Kongress der Monumenta Germaniae Historica München (Hg.): *Fälschungen im Mittelalter. Teil V: Fingierte Briefe, Frömmigkeit und Fälschung, Realienfälschungen.* Hannover: 1988, pp. 533–583.

Nikolaus Muffel: *Beschreibung der Stadt Rom.* Tübingen: 1876.

Nikolaus Muffel: *Gedenkbuch. 1468;* in: Historische Kommission bei der Bayerischen Akademie der Wissenschaften (Hg.): *Die Chroniken der Fränkischen Städte. Nürnberg, Fünfter Band.* Göttingen: 1961, pp. 737–751.

Butz Peters: *Tödlicher Irrtum. Die Geschichte der RAF.* Frankfurt am Main: 2007.

Stefan Reinecke: *Die linken Anwälte. Eine Typologie;* in: Wolfgang Kraushaar (Hg.): *Die RAF und der linke Terrorismus.* Hamburg: 2006, pp. 948–956.

Barbara Rösch: *Judenwege in Franken. Ein kulturgeschichtliches Phänomen;* in: Michael Brenner, Daniela F. Eisenstein (Hgg.): *Die Juden in Franken.* München 2012, pp. 115–138.

Bernhard Schemmel: *Der „Werwolf" von Ansbach. Ereignisse und Meinungen;* in: Institut für fränkische Landesforschung an der Universität Erlangen-Nürnberg (Hg.): *Jahrbuch für fränkische Landesforschung 33.* Neustadt an der Aisch: 1973, pp. 167–200.

Günther Schuhmann: *Ansbachs älteste Stadtansichten;* in: Stadt Ansbach (Hg.): *1221–1971. Ansbach – 750 Jahre Stadt.* Ansbach: 1971, pp. 21–64.

Hagen Schulze: *Sand, Kotzebue und das Blut des Verräters (1819);* in: Alexander Demandt (Hg.): *Das Attentat in der Geschichte.* Frankfurt am Main: 1999, pp. 256–276.

Robert A. Stemmle: *Vorwort;* in: Hermann Mostar, Robert A. Stemmle (Hg.): *Giftmord. Zehn Kriminalfälle.* München: 1964, pp. 7–12.

Todesurtheil wider die Notars-Wittwe Anna Margar. Zwanziger, geborne Schönleben aus Nürnberg, Allgemeiner Kameral-Korrespondent Nummer 124, 15.10.1811.

Epitaphium Cronemanni, Gelehrte Anzeigen der k. bayerischen Akademie der Wissenschaften. Nr. 29, 14.3.1859.

Als die RAF in der Stadt war, Nürnberger Nachrichten, 13.2.2007.

Fette Beute in der Kriegskasse, Nürnberger Nachrichten, 20.4.2009.

Fränkisch abgeräumt, Der Spiegel, 20/1979.

„Da können Sie nicht in den Zeh schießen“, Der Spiegel, 22/1979.

RAF im Stasiland – Gespräch mit Horst Winter und seinen Anwälten, SWR-Archivradio, 6.8.1990.

Endnotenverzeichnis

1 Helmut Lauf: *Uissigheim im Spiegel seiner 1200-jährigen Geschichte.* Uissigheim: 1966, 18.
2 Ulrich von Hutten: *Deutsche Schriften.* München: 1970, 324.
3 Hutten 1970, 325.
4 Eckhard Bernstein: *Ulrich von Hutten. Mit Selbstzeugnissen und Bilddokumenten.* Reinbek bei Hamburg: 1988, 14.
5 Florian Werr: *Geschichte des Pfarrdorfes Uissigheim.* Tauberbischofsheim: 1910, 23.
6 *Es dürfte sicher sein, daß sich der heutige Ortskern aus dem einstigen Schloßbezirk entwickelte: Rathaus, Schulhaus, Kindergarten, Haus Berberich-Meininger samt Scheunen*, so Lauf 1966, 54. Dazu kommen noch die Kirche – vermutlich die Nachfolgerin der früheren Burgkapelle – und das Pfarrhaus. Zum Kirchturm ausführlich Lauf 1966, 312–322.
7 Arnold 1974, 52. *XVIII. KL. DECEMBRIS* steht für den 16. Tag vor den Kalenden (1.) des Dezembers, also den genannten 14. November 1336, der auch in anderen Quellen als Todestag überliefert ist.
8 Lauf 1966, 200.
9 Vgl. Christoph Daxelmüller: *Jüdische Kultur in Franken.* Würzburg: 1988, 26; S. Haenle: *Geschichte der Juden im ehemaligen Fürstenthum Ansbach.* Ansbach 1867, 3.
10 Steven Beller: *Antisemitismus.* Stuttgart: 2009, 24.
11 Graus 1997, 46f.
12 Graus 1997, 47. Die Unterstellung ist schon deshalb ohne Grundlage, da die Juden nach den biblischen Evangelien Jesus gar nicht gemartert und gefoltert hatten – das waren die Methoden der römischen Besatzer.
13 Zur Entwicklung der Hostienfrevellegenden siehe Lotter 1988, 536–548.
14 Armin Pfahl-Traughber: *Antisemitismus in der deutschen Geschichte.* Berlin: 2002, 26.
15 Arnold 2004, 8.
16 Arnold 1974, 42.
17 Lotter 1988, 555; dort anschließend eine kurze Diskussion seiner möglichen Herkunft, vgl. 555f.
18 Arnold 2004, 8.
19 Lotter 1988, 556.
20 Haenle 1867, 4. Auch im Fall Rintfleisch hatte ja erst die Beilegung der Thronstreitigkeiten das Durchgreifen des Königs ermöglicht.
21 Vgl. die Nachweise bei Werr 1910, 11f (dort allerdings kommt es zu Verwechslungen von Vater und Sohn Arnold), Lauf 1966, 36ff und Arnold 1974, 54.
22 Arnold 1974, 61.
23 Arnold 2004, 3.
24 Fries 1924, 398. *Awe* ist die Stadt Aub. Fries erwähnt weder den Namen noch die Rolle Arnolds in diesem Aufstand; ob er dies aus Rücksicht auf seinen Helfer Martin von Uissigheim tat oder eher mit Rücksichtnahme auf seinen Auftraggeber, den Würzburger Fürstbischof, dem wenig daran gelegen sein konnte, die Erinnerung an den problematischen „Heiligen" wachzuhalten, sei dahingestellt.
25 Zit. nach Johannes Heil: *„Gottesfeinde" – „Menschenfeinde". Die Vorstellung von jüdischer Weltverschwörung (13. bis 16. Jahrhundert).* Essen: 2006, 61.
26 Lotter 1988, 565f; vgl. auch Heil 2006, 61.
27 Arnold 1974, 46.
28 Arnold 1974, 47.
29 Fries 1924, 399.
30 Arnold 1974, 36; auch 2004, 5.
31 Lotter 1988, 564.
32 Gerd Mentgen: *Studien zur Geschichte der Juden im mittelalterlichen Elsaß.* Hannover 1995, 357.
33 Arnold 2004, 10.

34 Mentgen 1995, 358.
35 Mentgen 1995, 359.
36 Lauf 1966, 356.
37 Lauf 1966, 201. Die Bräuche verweisen vor allem auf den landwirtschaftlich-bäuerlichen Bereich, was Rückschlüsse zulässt auf die Hauptgruppe der Verehrer Arnolds.
38 Lauf 1966, 156.
39 Vgl. zu dem erst jüngst in der Forschung stärker beachteten Phänomen der Judenwege, Rösch 2012.
40 Werr 1910, 14.
41 Cesare Beccaria: *Über Verbrechen und Strafe.* Frankfurt am Main: 1988, 77.
42 Schmidt (s. Geschichte für alle) 2013, 63f und 150.
43 Vgl. hierzu Fouquet 1996, 465f.
44 Urkundenbuch Nürnberg 1959, 618, Urkunde des Jahres 1299. Auch 428 (1286) und 450f (1288).
45 Christoph von Imhoff (Hg.): *Berühmte Nürnberger aus neun Jahrhunderten.* Nürnberg: 1984, 39.
46 Eschenau und Eckenhaid sind heute beide Teil der Gemeinde Eckental im Landkreis Erlangen-Höchstadt, Ermreuth am Rand der Fränkischen Schweiz gehört zum Markt Neunkirchen am Brand des Landkreises Forchheim. Vgl. August Gebessler: *Stadt und Landkreis Erlangen.* München: 1962, 109f für Eschenau und Tilmann Breuer: *Stadt und Landkreis Forchheim.* München: 1961, 107 für Ermreuth.
47 Fouquet 1996, 467.
48 Muffel 1961, 742. Nikolaus Muffel berichtet dies ausführlich in Zusammenhang mit einer Familienlegende – seine Großmutter habe die Reliquie als Dank für eine Haarwaschung des Königs erhalten – in seinem Gedenkbuch von 1468, vgl. Muffel 1961, 742f.
49 Muffel 1961, 748.
50 Heinrich Richard Schmidt: *Reichsstädte, Reich und Reformation. Korporative Religionspolitik 1521–1529/30.* Stuttgart: 1986, 4.
51 Lehnert 1987, 47.
52 Peter Fleischmann: *Das bayerische Jahrtausend. Nürnberg im 15. Jahrhundert.* München: 2012, 33.
53 Imhoff 1984, 40.
54 Muffel 1961, 746.
55 In diese Richtung argumentiert Fouquet 1996, 496.
56 Johannes Müllner: *Die Annalen der Reichsstadt Nürnberg von 1623. Teil II: von 1351–1469.* Nürnberg: 1984, 486.
57 Vogt in Muffel 1876, 1.
58 Muffel 1876, 20.
59 Muffel 1961, 748.
60 Müllner 1984, 580.
61 Müllner 1984, 529. Ob dies auch tiefere etymologische Kenntnisse des Markgrafen verrät, sei dahingestellt, angeblich leitet sich der Name Muffel nämlich tatsächlich entfernt vom Wort Maul ab.
62 Zit. nach Hegel 1961, 759.
63 Zit. nach Hegel 1961, 759.
64 Fouquet 1996, 490.
65 Hegel 1961, 762.
66 Zit. nach Hegel 1961, 762.
67 Hans Pirckheimer, der in Köln und Italien studiert hatte, war neu im Rat, aber dort schon mit wichtigen Aufgaben betraut. Er ist der Großvater des im vorherigen Kapitel erwähnten Willibald Pirckheimer und der berühmten Äbtissin Caritas Pirckheimer vom Kloster Sankt Klara. Die genauen Umstände der zeitweiligen Suspendierung im Rat sind unklar, aber in jedem Fall auf eine Auseinandersetzung mit Muffel zurückzuführen. Vgl. hierzu Fouquet 1996, 489 und Lotte Kurras (Hg.): *Caritas Pirckheimer. 1467–1532.* München: 1982, 50.
68 Hegel 1961, 759.
69 Zit. nach Hegel 1961, 764.

70 Müllner 1984, 579. Zu Anton Tucher und seiner bis heute für die Stadt bedeutenden Familie siehe Ludwig Grote: *Die Tucher. Bildnis einer Patrizierfamilie.* München: 1961.

71 Zit. nach Hegel 1961, 764.

72 Zit. nach Hegel 1961, 766.

73 Müllner 1984, 579.

74 Hegel 1961, 769.

75 Müllner 1984, 580.

76 Hegel 1961, 776.

77 Fouquet 1996, 485. Dazu auch Kirchhoff 2009, 79f.

78 Zit. nach Hegel 1961, 766.

79 Imhoff 1984, 40, auch Kirchhoff 2009, 79.

80 Zit. nach Hegel 1961, 766.

81 Johann Ludwig Klarmann, Karl Spiegel: *Sagen und Skizzen aus dem Steigerwald. Nachdruck der Ausgabe von 1912.* Neustadt an der Aisch: 1982, 117.

82 Klarmann/Spiegel, 1982, 118.

83 Vgl. Grimmler, 2013. Die in der Sage unrichtig verortete Zehntscheuer – dort wird sie fälschlich als Teil des früheren fürstbischöflichen würzburgischen Amtsgebäudes (Nürnberger Straße 31) genannt – besteht noch, doch ist sie seit Umbauten Mitte des 20. Jahrhunderts kaum noch als solche zu erkennen; der vordere Teil beherbergt eine Gastwirtschaft, *Zur Eisenbahn.* Vgl. auch Gerhard Hojer: *Ehemaliger Landkreis Scheinfeld.* München: 1976, 185.

84 Dieter Harmening: *Wörterbuch des Aberglaubens.* Stuttgart: 2009, 454.

85 Ulrike Müller-Kaspar (Hg.): *Handbuch des Aberglaubens. Band 3.* Augsburg: 1996, 744. Daher rührt naturgemäß der heute noch beliebte Glaube, Kaminkehrer zu sehen und zu berühren, sorge für Glück. Der Ursprung solcher Vorstellungen ist nicht ganz eindeutig, die Reinigung des Schornsteins sorgte einerseits für Asche – oft ein magisches Mittel – und beseitigte andererseits mögliche Geister, die sich bevorzugt an diesem Ort aufhielten, den auch die Hexen als Aus- und Eingangspunkt benutzten. Vgl. Bandini 1998, 250f; Harmening 2009, 45f, 248.

86 Johann Bernhard Fischer: *Geschichte und ausführliche Beschreibung der Markgräflich-Brandenburgischen Haupt- und Residenz-Stadt Anspach oder Onolzbach, und deren Merkwürdigkeiten.* Ansbach: 1786, 89f; vgl. auch Günter P. Fehring: *Stadt und Landkreis Ansbach.* München: 1958, 44ff.

87 Herms Bahl: *Ansbach – Strukturanalyse einer Residenz vom Ende des Dreißigjährigren Krieges bis zur Mitte des 18. Jahrhunderts. Verfassung, Verwaltung, Bevölkerung und Wirtschaft.* Ansbach: 1974, 173.

88 Eucharius Ferdinand Christian Oertel: *Georg Ludwig Oeder* [...]. *Nebst einer Chronik der Stadt Ansbach wie sie war und ist.* Ansbach: 1837, 38.

89 Schemmel 1973, 199.

90 Adolf Lang (Hg.): *Maler und Poeten, Bürger und Markgrafen. Aus Ansbachs Geschichte.* Ansbach: 1978, 8.

91 Bahl 1974, 104.

92 Bahl 1974, 124.

93 Karl-Sigismund Kramer: *Volksleben im Fürstentum Ansbach und seinen Nachbargebieten (1500–1800). Eine Volkskunde auf Grund archivalischer Quellen.* Würzburg: 1961, 127.

94 Fischer 1786, 157.

95 Bahl 1974, 145. Fischer erwähnt, dass zu seiner Zeit – 1786 – die Pflege *durch verschiedene Zufälle sehr geschwächt worden* (157) war und kaum noch Bedeutung hatte, ganz anders als hundert Jahre zuvor.

96 Kramer 1961, 131.

97 Kramer 1961, 128.

98 Kramer 1961, 132. Gemeint ist mit ansbachisch hier wiederum allgemein die markgräfliche, nicht die städtische Verwaltung.

99 Bahl 1974, 133.

100 Bahl 1974, 133.

101 Kramer 1961, 128.

102 Schemmel 1973, 199.
103 Zit. nach Schemmel 1973, 175.
104 Zit. nach Schemmel 1973, 177.
105 Elmar M. Lorey: *Henrich der Werwolf. Eine Geschichte aus der Zeit der Hexenprozesse mit Dokumenten und Analysen*. Frankfurt am Main: 1998, 249.
106 Zit. nach Schemmel 1973, 179. Der Brunnen wird, allerdings stark umgestaltet, in Neuses noch immer vorgezeigt.
107 Zit. nach Schemmel 1973, 179. Auch der Standort scheint extra gewählt, womöglich um eine größere Wirkung zu entfalten. Zur Verortung des Ansbacher Galgens – noch heute existiert die Galgenmühle – vgl. Schuhmann 1971, 40 auch Fehring 1958, 95. Die *Kunst Cammer* war erst 1679 von Markgraf Johann Friedrich als typisch barocke Kuriositätensammlung eingerichtet worden, vgl. Günther Schuhmann: *Die Markgrafen von Brandenburg-Ansbach. Eine Bilddokumentation zur Geschichte der Hohenzollern in Franken*. Ansbach: 1980, 579–582.
108 Alexander Schöppner: *Sagenbuch der Bayerischen Lande. Aus dem Munde des Volkes, der Chronik und der Dichter herausgegeben*. München: 1853, 182.
109 Zit. nach Schemmel 1973, 179.
110 Walter Koschorrek: *Der Wolf. Eine Untersuchung über die Vorstellungen vom Verbrecher und seiner Tat sowie vom Wesen der Strafe der Frühzeit*. Jena: 1952, 94 (Hervorhebung vom Autor), vgl. auch 82.
111 Zit. nach Uwe Danker: *Räuberbanden im Alten Reich um 1700. Ein Beitrag zur Geschichte von Herrschaft und Kriminalität in der Frühen Neuzeit*. Frankfurt am Main: 1988, 113.
112 Zit. nach Schemmel 1973, 185.
113 Zit. nach Schemmel 1973, 186. Eine komprimierte und leicht abgewandelte spätere Form des gesamten Gedichtes bei Schöppner 1853, 183.
114 Bandini 1998, 110f.
115 Lauben 1686, 3.
116 Vgl. die sehr umfangreiche Liste solcher Werke bei Hertz 1862, 5ff.
117 Jakob Sprenger, Heinrich Institoris: *Der Hexenhammer (Malleus Maleficarum)*. München: 1993, 155, siehe auch die anschließende Diskussion dieser Frage 155ff. Die gesamte Geschichte des Disputs über die Möglichkeit der Verwandlung von Mensch zu Tier mit ausführlichen Quellengaben bei Montague Summers: *Werewolf*. Mansfield Centre: 2012, 63–132, wobei die unkritische Interpretation von Summers stets zu berücksichtigen ist.
118 Jung 2013, 68.
119 Vgl. Lorey 1998, 208f. Loreys eigene Untersuchung Henrich der Werwolf widmet sich umfassend den Prozessen und ihren Hintergründen in Hessen.
120 Vgl. Traudl Kleefeld, Hans Gräser, Gernot Stepper: *Hexenverfolgung im Markgraftum Brandenburg-Ansbach und in der Herrschaft Sugenheim. Mit Quellen aus der Amtsstadt Crailsheim*. Ansbach: 2001.
121 Wolfgang Wüst (Hg.): *Die „gute" Policey im Reichskreis. Band V.* Erlangen: 2011, 59.
122 Klaus Völker (Hg.): *Werwölfe und andere Tiermenschen. Dichtungen und Dokumente*. Frankfurt am Main: 1994, 418.
123 Hertz 1862, 88. Vgl. auch Summers 2012, 16.
124 Siehe Summers 2012, 2f; Sabine Baring-Gould: *The Book of Werewolves*. Mineola: 2006, 30; Kramer/Institoris 1993, 156f.
125 Elroy 1998, 251. Dabei handelt es sich um ein beliebtes Sagenmotiv.
126 Zit. nach Schemmel 1973, 191.
127 Lorey 1998, 249.
128 Erik Zimen: *Der Wolf. Mythos und Verhalten*. München: 1978, 288.
129 Peter Steinhart: *The Company of Wolves*. New York: 1995, 145. „Grundsätzlich", sagt Peterson, „gilt: Wolf sieht Menschen, Wolf haut ab." Rolf Peterson leitete über Jahrzehnte ein Projekt mit frei lebenden Wölfen in einem amerikanischen Naturreservat.
130 Vgl. Steinhart 1995, 296–319. Zu Hunden siehe Zimen 1978, 271.

131 Vgl. Zimen 1978, 300.

132 Alle – und noch viele dieser Art mehr – bei Schemmel 1973, 176.

133 Siehe unter anderem Linda S. Godfrey: *Real Wolfmen. True Encounters in Modern America.* New York: 2012. Über das Monster von Morbach, eine moderne Sage, ausführlich die sehr lesenswerte Arbeit Matthias Burgard: *Das Monster von Morbach. Eine moderne Sage des Internetzeitalters.* Münster: 2008.

134 Lorey 1998, 265.

135 Schemmel 1973, 189.

136 Johann Heinrich Scherber: *Gemeinnütziges Lesebuch für die Bayreuthische Landesgeschichte. Zweites Bändchen: Neuere Zeiten.* Hof: 1797, 212f.

137 Gustav Schmidt: *Die Bayreuther Markgrafen. Eine Zusammenschau.* Bayreuth: 2000, 22.

138 Doering-Manteuffel 2008, 46.

139 Hermann Kopp: *Ueber den Verfall der Alchemie und die hermetische Gesellschaft.* Gießen: 1847, 8.

140 Johann Christian Wiegleb: *Historisch-Kritische Untersuchung der Alchemie oder der eingebildeten Goldmacherkunst; von ihrem Ursprunge als auch Fortgange, und was von ihr zu halten sey.* Weimar: 1793.

141 Gebelein 2000, 54.

142 Fikenscher 1800, 28. „Candide" bedeutet aufrichtig.

143 Scherber 1797, 211.

144 Frietsch 2008, 58.

145 Bernd Mayer: *Kleine Bayreuther Stadtgeschichte.* Regensburg: 2010, 21.

146 Doering-Manteuffel 2008, 65.

147 Holland 1864, 47.

148 Sophie Luise (1671–1702), eine württembergische Herzogstochter, war Christian Ernsts zweite Gattin nach der jung verstorbenen und als Schriftstellerin bekannten Erdmute Sophie (1662–1670). Es war die einzige Ehe – es sollte noch eine dritte folgen, mit Markgräfin Elisabeth Sophie – der Kinder entsprangen, darunter der spätere Markgraf Georg Wilhelm (1712–1726). Vgl. Gustav Schmidt: *Die Bayreuther Markgrafen. Eine Zusammenschau.* Bayreuth: 2000, 17–21, Mayer 2010, 42.

149 Vgl. Mayer 2010, 42.

150 In Frauenaurach hatte bis 1550 ein Dominikanerinnenkloster existiert, nach dessen Auflösung während der Reformation später unter Christian Ernst ein kleines Schloss errichtet wurde. Vermutlich war dort Krohnemanns Labor untergebracht. Mit dem Ausbau Erlangens, einem Lieblingsprojekt des Markgrafen, verlor der Sitz an Bedeutung, diente als Kaserne und wurde nach dem Ende der Hohenzollernherrschaft Mitte des 19. Jahrhunderts abgerissen. Vgl. Ernst Kutsch: *Ev.-luth. Kirche Frauenaurach. Ev.-luth. Kirche Kriegenbrunn.* München, Zürich: 1986 und August Gebessler: *Stadt und Landkreis Erlangen.* München: 1962, 113.

151 Eine Abbildung der ersten Münze findet sich in Hermann Peters: *Pictorial History of Ancient Pharmacy. With Sketches of Early Medical Practice.* Chicago: 1889, 178; eine Aufzählung mitsamt der Inschriften in K. G. Ritter von Schulthess-Rechberg: *Thaler-Cabinet. Beschreibung aller bekannt gewordenen Thaler, worin auch diejenigen Stücke aufgenommen, welche in Madai's Thaler-Cabinet beschrieben worden sind.* München: 1862, 281ff.

152 Fikenscher 1800, 50. Das Schloss zu Baiersdorf, ein 1627 in Auftrag gegebener, ehrgeiziger Renaissancebau, war noch vor seiner Vollendung von den katholischen Forchheimern 1632 zerstört worden. Der von Krohnemann in Aussicht gestellte Wiederaufbau unterblieb, letzte Ruinenreste wurden Ende des 19. Jahrhunderts beseitigt. Vgl. Gebessler 1962, 103.

153 Lorenz Johann Jacob Lang: *Der rechte Kulmbachische Stadt- und Historienkalender. Bearbeitet von Harald Stark.* Weißenstadt: 2013, 47. Salz ist kein Speisesalz, sondern eine alchimistische Zutat, die je nach Adept anders interpretiert wird.

154 Holland 1864, 43.

155 Gelehrte Anzeigen 1859, 238.

156 Krohnemann, 1679, Titelblatt.

157 Holland 1864, 54.

158 Holland 1864, 55.

159 Holland 1864, 48.

160 Holland 1864, 56.
161 Fikenscher 1800, 114.
162 Holland 1864, 59.
163 Hock o.J., 89.
164 Holland 1864, 62.
165 Gelehrte Anzeigen 1859, 237. Beobachten hier im Sinne von einhalten, auf etwas achten.
166 Lang 2013, 49.
167 Fikenscher 1800, 177f. Dort weitere Beispiele dieser Art, 177–181, auch bei Hock o.J., 89 und in Gelehrte Anzeigen 1859, 235. Rabenstein ist ein volkstümlicher Begriff für Hinrichtungsplatz, *Steinern drey Säulige gemauerten Orden zu Culmbach* zielt auf den Galgen, der drei Säulen besaß. Nach der Gefangennahme in Marienweiher wurde Krohnemann auf einem Ochsenkarren Richtung Kulmbach transportiert.
168 Zit. nach Lehnert 1987, 65.
169 Feuerbach 1849, 14.
170 Zit. nach Cay Brockdorff (Hg.): *P. A. Feuerbach. Merkwürdige Verbrechen.* Berlin: 1983, 410.
171 Günther P. Fehring, Anton Ress, Wilhelm Schwemmer: *Die Stadt Nürnberg.* München: 1982, 327.
172 Feuerbach 1849, 14.
173 Kameral-Korrespondent 1811, 579.
174 Christoph Nettersheim: *Schrecklich nette Frauen. 30 kriminell gute Porträts.* München: 2011, 192.
175 Feuerbach 1849, 15.
176 Feuerbach 1849, 15.
177 Feuerbach 1849, 18.
178 Ferdinand Ignaz Herbst: *Katholisches Exempelbuch oder Die Lehre der Kirche in Beispielen aus der Geschichte des Reiches Gottes auf Erden und seines Gegensatzes in der Welt- und Menschengeschichte. Zweiter Theil: Die Sitten- und Tugendlehre.* Regensburg: 1839, 76.
179 In dem von Joachim Heinrich Jaeck herausgegebenen Sammelwerk *Der Ober-Mainkreis im Königreich Bayern, historisch, statistisch topographisch und geographisch beschrieben von vielen Gelehrten.* Augsburg: 1830, wird die Größe der protestantischen Pfarrei Kasendorf, die neben dem Markt selbst lediglich einige sehr kleine Dörfer umfasste, mit 1.450 Seelen angegeben. Da die Zahl der Katholiken bestenfalls eine Handvoll betragen haben dürfte, ist somit für die Zeit um 1810 von einer Einwohnerzahl des Ortes um die 1.200 Personen auszugehen. Vgl. Jaeck 1830, 577.
180 Markt Kasendorf (Hg.): *Markt Kasendorf in Vergangenheit und Gegenwart. Ein Heimatbuch.* Kasendorf: 1986, 60.
181 Hock o.J., 11.
182 Herbst 1839, 77.
183 Herbst 1839, 78.
184 Feuerbach 1849, 14.
185 Herbst 1839, 76.
186 Brockdorff 1983, 401.
187 Verfasser war ein *Dr. Hoffmann, Hofrath und Landgerichtsphysikus zu Rentweinsdorf in Franken.* Hoffmann 1812, 236–243.
188 Christoph Freiherr von Aretin (Hg.): *Jahrbücher der Gerechtigkeitspflege in Baiern. Jahrgang 1811.* Neuburg an der Donau: 1813, 3.
189 Bachmann 1812, 94.
190 Bachmann 1812, 94.
191 Wilhelm Heinrich Wackenroder: *Dichtung, Schriften, Briefe.* Berlin: 1984, 12.
192 Herbst 1839, 78.
193 Feuerbach 1849, 8.
194 Feuerbach 1849, 8.
195 Nettersheim 2011, 195.
196 Bachmann 1812, 82.

197 Feuerbach 1849, 10.
198 Kameral-Korrespondent 1811, 579.
199 Feuerbach 1849, 10.
200 Feuerbach 1849, 11.
201 Bachmann 1812, 100.
202 Herbst 1839, 80.
203 Feuerbach 1849, 11.
204 Feuerbach 1849, 11.
205 Herbst 1839, 82.
206 Feuerbach 1849, 3.
207 Feuerbach 1849, 3.
208 Bachmann 1812, 90.
209 Bachmann 1812, 112.
210 Feuerbach 1849, 11.
211 Kameral-Korrespondent 1811, 576.
212 Feuerbach 1849, 22.
213 *Instruction des Commandanten der Landwehr für Herrn Lieutenant Lauterbach*, zit. nach Hock o.J., 45.
214 Feuerbach 1849, 22.
215 Feuerbach 1849, 22.
216 Stemmle 1962, 8f.
217 Paradoxerweise führt dies durch die größere Aufmerksamkeit zu einem umgekehrten Eindruck. Nüchtern ist dagegen die Statistik: *Der Anteil der Frauen und Mädchen an der registrierten Kriminalität* [ist] *mit 23,1 % (2000) weit unterdurchschnittlich gering* und dieser Wert galt bereits als *auffällige Zunahme der Frauenkriminalität*. Generell gilt die Regel, dass Frauen *durchschnittlich weniger häufig und weniger schwere Delikte begehen* (Hervorhebungen im Original). Vgl. hierzu Hans-Dieter Schwind: *Kriminologie. Eine praxisorientierte Einführung mit Beispielen*. Heidelberg: 2002, 73–78. Was für das Deutschland des Jahres 2000 galt, ist für das Königreich Bayern um 1810 grundsätzlich nicht anders zu sehen, eher dürfte die Zahl weiblicher Delinquentinnen noch niedriger anzusetzen sein.
218 Von Aretin 1813, 8.
219 Brückner 1975, 49.
220 Brückner 1975, 48.
221 Schulze 1999, 261.
222 In Jena war die Deutsche Burschenschaft 1815 gerade erst offiziell aus der Taufe gehoben worden, Sand war also absolut auf der Höhe der Zeit.
223 Jarcke 1831, 23.
224 Alexis 1986, 69.
225 Schulze 1999, 161.
226 Alexis 1986, 70.
227 Tilman Röhrig: *Sand oder der Freiheit eine Gasse. Roman*. Bergisch Gladbach: 1993, 250.
228 Schulze 1999, 263.
229 Alexis 1986, 74.
230 Alexis 1986, 70.
231 Peter Kaeding: *August von Kotzebue. Auch ein deutsches Dichterleben*. Berlin: 1987, 298.
232 Connie Palmen: *Idole und ihre Mörder*. Zürich: 2005, 14.
233 Jarcke 1831, 168.
234 Jarcke 1831, 168.
235 Alexis 1986, 78.
236 Alexis 1986, 80.
237 Jarcke 1831, 207.
238 Jarcke 1831, 238.

239 Alexis 1986, 105.
240 Zit. nach Schulze 1999, 270.
241 Zit. nach Wolfgang Plat: *Attentate. Eine Sozialgeschichte des politischen Mordes*. Düsseldorf und Wien: 1982, 80.
242 Alexis 1986, 109.
243 Es handelte sich um Wendelin Moosbrugger. Das von ihm angefertigte Portrait befindet sich – mit anderen Relikten aus Sands Leben – heute im Fichtelgebirgsmuseum Wunsiedel; vgl. Bernhard Hermann Röttger: *Die Kunstdenkmäler von Oberfranken. I: Landkreis Wunsiedel und Stadtkreis Marktredwitz*. München: 1954, 581 und 584.
244 Alexis 1986, 122.
245 Zit. nach Plat 1982, 80.
246 Besonders abstrus in der Handlung und tränenreich Enrica von Handel-Mazetti: *Karl Ludwig Sand. Roman*. Wien: 1946.
247 SWR-Archiv 1990.
248 Peters 2007, 544.
249 Beides zit. nach Peters 2007, 239.
250 Zit. nach Stefan Aust: *Der Baader-Meinhof-Komplex*. Hamburg: 2008, 253.
251 Peters 2007, 240.
252 Peters 2007, 258.
253 Wunschik 1997, 232.
254 Reinecke 2006, 951.
255 Peters 2007, 320.
256 Peters 2007, 374.
257 Klaus Stern, Jörg Herrmann: *Andreas Baader. Das Leben eines Staatsfeindes*. München: 2007, 257.
258 Andeas Elter: *Propaganda der Tat. Die RAF und die Medien*. Frankfurt am Main: 2008, 200.
259 Dellwo 2007, 115.
260 Ulf G. Stuberger: *Die Akte RAF. Taten und Motive, Täter und Opfer*. München: 2008, 122.
261 Wunschik 1997, 232.
262 Diewald-Kerkmann 2006, 663; vgl. dazu auch Iring Fetscher: *Terrorismus und Reaktion*. Reinbek bei Hamburg: 1981, 25 und Wunschik 1997, 83–87.
263 Wunschik 1997, 361.
264 Wunschik 1997, 362.
265 Peters 2007, 489.
266 Zit. nach Wunschik 1997, 321.
267 Nürnberger Nachrichten 20.4.2009.
268 Spiegel 20/1979.
269 Nürnberger Nachrichten 13.2.2007.
270 Diewald-Kerkmann 2006, 665.
271 Diewald-Kerkmann 2006, 665.
272 Peters 2007, 495.

Todesfinal
Ein Nürnberg-Krimi

Gunnar Schuberth

12,00 €
978-3-86680-866-9

Paul Skamper sitzt nach aufregenden, aber nicht besonders erfolgreichen Expeditionen in Nürnberg fest und ordnet das Erbe seines Vaters. Als ihm ein alter Freund von merkwürdigen Vorgängen beim immer beliebter werdenden Geocaching, einer Art Internet-Schnitzeljagd, berichtet, ist er deswegen sofort bereit, der Sache auf den Grund zu gehen.

Leichenteile sollen sich an den Zielkoordinaten finden, und was steckt hinter dem „Selbstmord" eines Geocachers im Nürnberger Tiergarten? Wahrscheinlich alles nur Gerüchte und Hirngespinste. Aber die Schnitzeljagd macht Spaß und das Codeknacken ist endlich mal wieder eine Herausforderung.

Doch dann entdeckt Paul in einer finsteren Nacht, auf einer bizarren Felsformation, tatsächlich einen abgetrennten Arm. Und das ist für lange Zeit das Letzte, was er sieht. Eigentlich sollte das als Warnschuss genügen, aber jetzt ist seine Neugier erst recht nicht mehr zu zügeln.

Weitere Krimis aus Ihrer Region finden Sie unter:
www.sutton-belletristik.de

Angeklagt –
gemartert – verbrannt
Die Opfer der
Hexenverfolgung in Franken

Birke Grießhammer

16,95 € | 978-3-95400-188-0

Das fränkische Gefühl
Ein nörgelnd-humoristisch-
melancholischer Reiseführer

Marco Kesting

15,95 € | 978-3-95400-247-4

Würzburg
Weinstadtimpressionen

Bruno Erhard

16,99 € | 978-3-95400-231-3

Die Hexenbrenner
von Franken
Die Geschichte eines
vertuschten Massenmordes

Ralph Kloos, Thomas Göltl

19,95 € | 978-3-95400-109-5